国際〈家族と法〉

青木 清・佐野 寛 編著

佐藤文彦・愛知正博・伊藤弘子・樋爪 誠
横溝 大・種村佑介・海老沢美広・佐藤千恵

八千代出版

執筆分担（掲載順）

青木　清	南山大学教授	1・10・22・27
佐野　寛	岡山大学教授	2・5・19・30
佐藤文彦	中央大学教授	3・18・25・26
愛知正博	中京大学教授	4
伊藤弘子	名古屋大学特任准教授	6・7・11・28
樋爪　誠	立命館大学教授	8・9・12・13
横溝　大	名古屋大学教授	14・15・17・29
種村佑介	首都大学東京准教授	16
海老沢美広	元朝日大学教授	20・21・23
佐藤千恵	中京学院大学准教授	24

はしがき

　人々の生活がグローバル化することに伴って、結婚や離婚、親子関係、世代を超えた相続など、われわれの身近で起きる家族間の法律問題もさまざまな形で外国とのかかわりをもつようになってきた。いわゆる国際結婚や国際養子縁組ばかりでなく、日本人同士の関係でも、たとえば外国で結婚する場合や外国で離婚した場合に日本でどのように取り扱われるかといった問題は今日では日常的な出来事となっている。

　本書は、そうした国際化する現代社会において発生する＜家族と法＞をめぐる諸問題について、簡単な設問を用いながら、できるだけ平易に解説を加えたテキストである。本書が扱う問題の中心は、国際的な家族関係に適用される法律の決定についての「国際私法」であるが、日常生活で実際に問題となる、戸籍や国籍、在留資格および外国人の登録制度などの問題についてもそれぞれ設問を立てて解説を加えている。大学などの授業以外でも、それらの問題を知りたいと願う人々に広く本書を利用してもらえたらと考えたからである。

　本書の企画は、私どもの恩師、故山田鐐一名古屋大学名誉教授のご逝去と相前後する形で持ち上がってきた。そうした点に機縁を感じ、私どもとしては、本書に山田先生への追悼の思いを込めさせていただくことにし、先生が1995年に名古屋の地につくられた「国際私法を語る会」のメンバーとともに本書を編むこととした。それぞれ多忙なスケジュールの中、快く本書出版の趣旨に賛同いただき、ご執筆いただいた先生方には心からお礼を申し上げたい。先生のご逝去から、はや4年が経とうとしている。本書が、われわれが山田先生からいただいた学恩に少しでも報いるものであれば、これに過ぎる幸せはない。

　なお、本書の原稿がほぼ集まった時期に、櫻田嘉章＝道垣内正人編『注釈国際私法　第1巻・第2巻』（有斐閣、2011年）が公刊された。そのため、本

書では同書を参照することができなかった。この点は、また他日を期すことにしたい。

　最後に、本書の出版にあたっては、八千代出版企画部の森口恵美子さんに大変お世話になった。彼女の献身的な助けがなければ本書の刊行は覚束なかったのではないかと思う。ここに記して、感謝の気持ちに代えることにしたい。

2012年3月

青木　清
佐野　寬

目　　次

国際結婚の基礎

1. 外国人との結婚や契約について法律上の問題が生じたときは、どこで裁判をするのでしょうか。さらには何を基準に判断をするのでしょうか（渉外関係の規律方法・国際私法とは） …… 2

2. インドネシア人男性と結婚する予定の日本人女性です。結婚後、私の国籍は、どうなりますか。また、将来、子どもが生まれた場合、この子の国籍はどうなりますか（国際結婚と国籍） …… 9

3. 韓国人男性と結婚する日本人女性です。韓国では、結婚しても名字は別々と聞きましたが、私は配偶者の名字を名乗ることができるのでしょうか（国際結婚と戸籍） …… 16

4. 日本に住む外国人は外国人登録をしなければならないと聞きました。すべての外国人が対象になるのでしょうか。その手続はどういうものでしょうか（外国人登録） …… 21

5. 日本人男性ですが、今度、外国人の女性と結婚することになりました。彼女の在留資格や日本での登録はどうなりますか。また、もし2人が離婚したり、私が死亡した場合、その在留資格はどのようになりますか（婚姻と在留資格） …… 29

夫　　婦

6. 日本人男性ですが、今度、外国人と結婚することになりました。法的にはどのようになりますか。従うべき条件はどのようなものですか（国際結婚の成立） …… 38

7. 日本に住むギリシャ人の男性ですが、やはり日本に住むギリシャ人女性と結婚するつもりです。日本でギリシャ式の結婚をした場合でも法律上は有効となるのでしょうか。また、どのような形で結婚すれば有効となるのでしょうか（国際結婚の方式） …… 44

8	日本に住む外国人男性と結婚を約束していました。ところが、結婚式の直前、彼があの約束はなかったことにしてほしいといってきました。とても許せません。責任を追及したいと思っていますが、できますか（婚約破棄と損害賠償）	50
9	国際結婚した夫婦ですが、お互いの財産について、どのようなことが問題になりますか（夫婦財産制）	56
10	在日韓国・朝鮮人夫婦です。連れ添って30年になりますが、今度離婚することになりました。どのような手続を踏めばいいのでしょうか（協議離婚）	62
11	私たちは、日本に10年以上居住するアメリカ人夫婦です。最近夫の暴力がひどくなり、離婚を考えています。どのようにしたら、日本で離婚をすることができるでしょうか。また、友人にインド人の夫婦がいますが、彼らも離婚を協議しています。彼らの離婚はどのようになるでしょうか（不統一法国）	67
12	米国ネバダ州出身の男性と結婚したフランス人女性です。日本に来て2年ほどになりますが、このたび離婚をすることになりました。日本で離婚ができますか。どうすればいいのでしょうか（裁判離婚）	73
13	最近まで外国で外国人の夫と生活していましたが、夫婦関係が悪くなり、単身帰国しました。日本で離婚の裁判を起こすことができるでしょうか（離婚の国際裁判管轄）	79
14	米国に単身赴任をしている夫が、私の知らない間に米国で離婚判決を得てきました。そんな理不尽なことがありうるのでしょうか（外国離婚判決）	85

親子

15	外国人の妻の産んだ子どもが、私の子どもではないことがわかりました。私どもの親子関係は、どのようになるのでしょうか（嫡出子）	92
16	結婚をしていない外国人女性との間に子どもが生まれました。この子と私の間の法律上の親子関係はどのようになるのでしょうか（非嫡出子）	96

17 私たち夫婦（いずれも日本人）は、なかなか子に恵まれず、友人の助言を受け外国にわたり、そこで生殖補助医療により子をもうけることができました。この子は、私たちの法律上の子となるのでしょうか。この子の国籍はどうなるのでしょうか（生殖補助医療と法） ……… 102

18 甲国人男性との間に子が出生しました。出生届を出す必要があるのでしょうか（外国人たる子の出生届、戸籍、氏） ……………………… 108

19 甲国人女性との間に子どもが生まれました。私たちは、まだ結婚をしていません。子どもの国籍はどうなるのでしょうか。また、子どもが日本国籍を取得する方法はありますか（子の国籍） ……… 114

20 日本に住む米国人夫婦が、日本人である私の子を養子に迎えたいといっています。どうすればいいでしょうか（養子縁組） ……… 121

21 私の妻は、イラン人です。妻には5歳になる妹がいますが、私たち夫婦は彼女を養子にすることができますか（夫婦共同縁組） ……… 128

22 私の子が、数年前に米国人夫婦の養子に迎えられたのですが、うまくなじめないようです。養親子関係の解消を考えているのですが、どのようにしたらいいでしょうか（離縁） ………………………… 134

23 日本に住む米国人男性です。中国人の妻との間に子が一人います。妻との離婚および子の親権者を自分にするよう裁判所に申し立てるつもりです。どうなりますか（親子関係） ………………………… 139

24 米国人男性と結婚し、その間に子も生まれたのですが、別れることになりました。離婚裁判の進行中に、子どもを連れて日本に帰ってきました。その後、離婚判決を得た夫が、子どもを引き渡せと要求しています。私たちは、どうなるのでしょうか（子の奪い合い） ……… 145

相続・後見・扶養

25 中国人の夫が、日本に土地建物を残して死亡しました。その相続をめぐり、私と夫の兄弟がもめています。この相続は、どのようになりますか（相続） …………………………………………………………… 154

26 中国人の夫とは正式な結婚をしていません。その夫が亡くなりました。その財産は、どうなるのでしょうか。私以外には、身内はいません（相続人不存在と財産の帰属） ……………………………………… 160

27　私は、在日韓国人です。老後のことを考え、信頼できる人と任意後見契約を結び、人生の最終盤をあらかじめきっちりと処理しておきたいと考えています。どうしたらいいでしょうか（外国人と任意後見）.. 166

28　在日韓国人女性です。アメリカ留学中に仲良くなった在米韓国人と結婚し、日本で暮らしていました。しかし、折り合いが悪く、仕事のこともあって、夫は勝手にアメリカに戻ってしまいました。とはいえ、生活していく上で必要ですので、生活費を10万円請求しようと思っていますが、どうなりますか（扶養）............ 171

平和条約・難民

29　私は、婚姻届を出していない在日朝鮮人父と日本人母との間に生まれ、認知届が、生まれてから数年後の昭和25年11月に提出されました。翌々年の平和条約発効により、私は外国人となったのですが、実は日本国籍を失っていないという話を聞きました。一体、どうなっているのでしょうか（平和条約と国籍、共通法）................. 178

30　私はミャンマーからの難民です。日本で暮らすようになり、ある日本人女性と親しくなりました。その女性と結婚しようと思いますが、法律上どのような問題があるのでしょうか（難民）................. 184

索　引　191

凡　　例

1　法令の略語

外登法　　外国人登録法
住基法　　住民基本台帳法
入管法　　出入国管理及び難民認定法
入管特例法　　日本国との平和条約に基づき日本の国籍を離脱した者等の出入国
　　管理に関する特例法
日米地位協定　　日本国とアメリカ合衆国との間の相互協力及び安全保障条約第6
　　条に基づく施設及び区域並びに日本国における合衆国軍隊の地位に関する協
　　定
通則法　　法の適用に関する通則法
人訴法　　人事訴訟法
家審法　　家事審判法
扶養　　扶養義務の準拠法に関する法律
ブラッセルⅡbis規則　　婚姻関係事件及び親責任に関する裁判管轄並びに裁判の
　　承認及び執行に関する理事会規則
離婚承認条約　　離婚および別居の承認に関するハーグ条約
民訴法　　民事訴訟法
難民条約　　難民の地位に関する条約
難民議定書　　難民の地位に関する議定書

2　判例の略語

最（大）判（決）　　最高裁判所（大法廷）判決（決定）
高判（決）　　　　　高等裁判所判決（決定）
地判　　　　　　　　地方裁判所判決
家判　　　　　　　　家庭裁判所判決
家審　　　　　　　　家庭裁判所審判
民集　　　　　　　　最高裁判所民事判例集／大審院民事判例集
刑集　　　　　　　　最高裁判所刑事判例集／大審院刑事判例集
集民　　　　　　　　最高裁判所裁判集民事
高民集　　　　　　　高等裁判所民事判例集
下民集　　　　　　　下級裁判所民事裁判例集
行集　　　　　　　　行政事件裁判例集

家月	家庭裁判月報
裁時	裁判所時報
民商	民商法雑誌
判時	判例時報
判タ	判例タイムズ
ジュリ	ジュリスト

3　文献の略語

江川＝山田＝早田　　江川英文＝山田鐐一＝早田芳郎『国籍法〔第3版〕』有斐閣、1997年

木棚＝松岡＝渡辺　　木棚照一＝松岡博＝渡辺惺之『国際私法概論〔第5版〕』有斐閣、2007年

小出　　小出邦夫編著『逐条解説　法の適用に関する通則法』商事法務、2009年

櫻田　　櫻田嘉章『国際私法〔第5版〕』有斐閣、2006年

佐藤＝道垣内　　佐藤やよひ＝道垣内正人編『渉外戸籍法リステイトメント』日本加除出版、2007年

澤木＝道垣内　　澤木敬郎＝道垣内正人『国際私法入門〔第6版〕』有斐閣、2006年

溜池　　溜池良夫『国際私法講義〔第3版〕』有斐閣、2005年

松岡　　松岡博編『国際関係私法入門〔第2版〕』有斐閣、2009年

百選　　『国際私法判例百選〔新法対応補正版〕』有斐閣、2007年

山田　　山田鐐一『国際私法〔第3版〕』有斐閣、2004年

山田＝黒木　　山田鐐一＝黒木忠正『よくわかる入管法〔第2版〕』有斐閣、2010年

用 語 解 説

本書で用いる基本的な用語の意味について、以下、簡単に解説する。

●**国際私法**　国際私法とは、国際結婚や離婚、国際養子縁組などのように複数の国とかかわりのある法律関係（このような法律関係を渉外的法律関係と呼ぶ）について、どの国の法律を適用するかを決定する法律をいう。渉外的法律関係をめぐっては、あたかも複数の国の法律が衝突し、抵触しているかのような外観を呈するため、国際私法は、そうした抵触を解決するための法という意味で、抵触法と呼ばれることもある。また、同様の意味で、国際私法の規定を抵触規定ともいう。

なお、国際裁判管轄権の決定や外国判決の承認・執行などの国際的な民事手続法も含め、渉外的な法律関係の規律に関する法を総称して国際私法と呼ぶこともあるが、通常は、上記のように狭い意味で用いられることが多い。

詳しくは、第1講を参照。

●**法例**　現在のところ、国際私法は各国の国内法として存在している。日本では、明治31年に制定された「法例」（明治31年法律10号）と題する法律が主たる法源とされてきた。法例は数度の改正が行われたが、平成元年に、「夫の本国法主義」あるいは「父の本国法主義」に依っていた婚姻および親子に関する規定が両性平等の観点から大幅に改正された。その後、社会・経済情勢の変化に対応するため、法例の全面見直しが検討され、平成18年6月に新たな法律が「法の適用に関する通則法」（平成18年法律78号）という法律名で制定されている。また、家族法および相続法に関係する国際私法としては、その他に「遺言の方式の準拠法に関する法律」および「扶養義務の準拠法に関する法律」がある。

●**準国際私法・人際法**　準国際私法とは、一つの国の中で法が統一されておらず、地域によって異なる法律が適用されている国（このような国を不統一法国と呼ぶ）で、それらの地域間の法の抵触を解決するための法律をいう。法律関係を直接に規律するのではなく、どこの地域の法律が適用されるかを決定する規定という点で、国際私法と同じ性質をもっている。また、人際法とは、人種、民族あるいは宗教によって一国内で異なる法律が適用されている国（人的不統一法国）において、そうした法の抵触を解決するための法律をいう。

詳しくは、第11講を参照。

●**準拠法**　渉外的法律関係を規律するために国際私法によって選び出された、いずれかの国の国内法を、当該法律関係に適用され、問題処理の基準となるという意味で、準拠法と呼んでいる。準拠法となるのは、婚姻法や親子法のように、問題となる法律関係を直接に規律する、その国の実質法である。国際私法は、このように渉外的法律関係に適用される準拠法を選定する法律であるから、その規定は準拠法選択（または指定）規定などとも呼ばれる。

●**連結点（素）**　国際私法は、法律関係の準拠法を指定する場合、国籍や住所、常居所など、その法律関係を構成する要素に着目し、その要素を媒介として特定の国の法律を選定する。このように、ある法律関係と特定の国とを結びつける要素を連結点または連結素と呼んでいる。通則法では、国籍、常居所、婚姻挙行地、不動産所在地などが連結点とされている。

●**連結の方法**　準拠法の決定は、一つの連結点による場合だけでなく、複数の連結点を組み合わせることによって行われることがある。わが国の国際私法では、次のような連結の方法が用いられている。

・**配分的連結**　婚姻の成立のように、関係する当事者が複数ある場合、両者を対等に取り扱うため、当事者のそれぞれについてその本国法が適用される（通則法24条1項）。このような連結方法を配分的連結という。当事者は自身の本国法に従えばよいという点で、複数の準拠法が単純に重複して適用される累積的連結とは異なるとされる。

・**選択的連結**　ある法律関係の成立について、関係する複数の準拠法のいずれかによって成立要件が満たされるならば、その法律関係の成立を認めるという連結方法を選択的連結と呼ぶ。たとえば、婚姻の方式については、婚姻挙行地法あるいは当事者の一方の本国法のどれかの要件を満たしていれば、婚姻は有効に成立するという場合である（通則法24条2項および3項本文）。この連結方法は、ある法律関係の成立をできるだけ認めていこうという政策的考慮がある場合に用いられる。通則法では、親子関係の成立に関する28条ないし30条がその典型的な場合である。

・**段階的連結**　複数の準拠法を用い、段階的に順序をつけて適用するのが段階的連結である。たとえば、通則法25条は、婚姻の効力について、第一に夫婦の同一本国法、それがないときは、第二段階として夫婦の同一常居所地法、それにも該当する法がないときは、第三段階として、夫婦の最密接関係地法によるとの三段階の連結を定めている。これは、両性平等の要請から、夫婦を対等に取り扱うため、夫婦に共通する法を選び出し、それに順序をつけて順番に適用するという考え方に基づいている。

・**任意的連結**　準拠法の指定を当事者の任意の選択に委ねることを任意的連結

と呼ぶことがある。これは、準拠法の指定それ自体を当事者に任せることから、「当事者自治」とも呼ばれる。国際契約のような財産法関係で用いられることが多いが（通則法7条）、夫婦財産制については、夫婦は一定の法の中から準拠法を選択することができるとされており（通則法26条2項）、任意的連結が採用されている。

・**補正的連結**　親族間の扶養義務については、扶養権利者の常居所地法が準拠法とされているが、その法によって扶養を受けることができないときは、当事者の共通本国法を適用し、それによっても扶養が受けられない場合には日本法によるとされている（扶養2条）。これは、扶養権利者が実際に扶養を受けることができるように配慮した規定であり、本来の準拠法によれば所期の法政策上の目的が達成できない場合に、あらかじめ定められた次順位の法の適用を認めるものである。このような連結方法を、補正的連結と呼ぶ。

●**本国法**　本国法とは、その人の国籍のある国の法律である。人の身分関係や親族関係の問題については、伝統的に、その人が所属している国と密接な結びつきがあり、また、そうした関係の安定性という観点からも、常にその所属国の法律が適用されるとの考え方が支持されてきた。このような法律は、その人が世界のどこに行っても追随して適用されるという意味で、属人法と呼ばれている。ヨーロッパ大陸諸国では、伝統的に、本国法が属人法として採用され、日本の法例も本国法主義を採用してきた。現在の通則法が属人法として本国法を採用しているか否かについては見解が分かれるが、本国法は親族、相続関係に関する抵触規則に関して、通則法においても主要な準拠法となっている。

●**常居所**　常居所とは、一般に、人が常時居住する場所である。habitual residence の訳語であり、元々はハーグ国際私法会議（オランダで開催される国際私法統一のための国際会議）による国際私法統一条約で用いられた概念である。その背景としては、伝統的な法概念である「住所」について各国法の間に大きな相違があるため、住所に変わる連結点として導入されたものである。常居所は、相当期間の居住によって認められる事実概念であるとされ、ハーグ条約にもこれを定義する規定は存在しない。通則法にも定義規定はなく、具体的な事案ごとに判断されることになる。なお、戸籍実務では、事務処理の指針として通達（平元・10・2民二3900号第8）により常居所の基準を示している。

国際結婚の基礎

1 外国人との結婚や契約について法律上の問題が生じたときは、どこで裁判をするのでしょうか。さらには何を基準に判断をするのでしょうか

（渉外関係の規律方法・国際私法とは）

　離婚の事案ではあるが、下記の具体的な裁判例を手がかりに、国内の事案と外国人がかかわる事案の違いをみてみたい。

📑 横浜地判平成10年5月29日判タ1002号249頁

　米国オハイオ州生まれの米国人X男は、オハイオ州の大学を卒業後、日本の製薬会社に就職し、香港駐在員として同地で働いていた。香港で中国人Y女と知り合い、1988年婚姻した。90年には両者の間に子A（米国籍）が生まれた。92年、Xは日本に転勤となり、同年6月、Y、Aとともに兵庫県西宮市内で生活するようになった。しかし、Yは、翌7月、Aを連れて上海の実家に帰ってしまい、戻ろうとしなかった。Xは、Aのみを連れて帰り、以来、XとYは別居状態にある。95年、Xは横浜に転勤となり、Aとともに転居した。一方、Yは米国に渡り、同地で生活をしているが、1年に1回くらい米国から一方的に電話をかけてくる程度で、米国内での住居所は不明である。

　こうした状況下で、Xは、Yを相手に、離婚およびAの親権者の決定を求めて、横浜地裁に訴えを提起した。

　国境をまたいだ形で私法上の問題が生じている典型的な国際私法の事案である（この種の事案を渉外的法律関係と呼ぶ）。ここでは、国内の事案では問題とならない渉外的法律関係特有の問題がいくつか存在する。

　(1) 国際裁判管轄権の問題　　まず、この訴えを日本の裁判所が受け付けてよいものかどうか、という点である。米国人と中国人の紛争であり、しか

もXらが横浜にいるのも、たまたま日本の会社が同地への転勤を命じたからである。この程度の結びつきであっても、日本の裁判所なかんずく横浜の裁判所が、この事件を処理していいのか。

(2) 準拠法の決定の問題　次に、仮に横浜地裁で本件を扱うことができるとして、その場合、この事件をいかなる法に基づいて処理すればよいのか。世界の国々は、自らの主権に基づきその法を定めている。したがって、主権が存在するだけ、独立した法秩序も存在する。条約や法慣習あるいは統一法など国境を越えて法的効力をもつ法も一部にはあるが、原則は、法は主権の及ぶ範囲でのみそれぞれの効力を有する。したがって、本件に関しても、米国には米国の、中国には中国の、そして日本には日本の法があり、それぞれ、その内容を異にしている。これらの国々に統一したルールがあるわけではない。

異なった法秩序が世界に並存していることを前提にして、渉外的法律関係の解決方法を創出しているのが国際私法という法分野である。すなわち、世界の法秩序の中から当該事件を解決するに最も相応しい適切な法（これを準拠法と呼ぶ）を選び、それにより当該事件を解決するのである。

(3) 決定された準拠法の解釈、適用　世界の法秩序の中から当該事件を解決するための法を選ぶため、当然のことながら、準拠法は、内国法たる日本法のこともあれば、外国法の場合もある。その結果、現行の国際私法の構造のもとでは、日本の裁判所において外国法の解釈、適用が問題となる場合もある。

上述の(1)と(2)は、国内事案の場合、とくに考える必要のない問題である。また、(3)についても、日本の法が適用されることになれば国内事案と同様であるが、外国法が適用される場合には国内事案とは全く異なった展開となる。こうした構造は、婚姻や離婚といった親族関係の問題であろうと、契約や不法行為といった財産関係の問題であろうと同様である。まさに、渉外的法律関係特有の問題である。

2 国際裁判管轄権

上記(1)は、国際裁判管轄権に関する問題で、講学上、国際民事訴訟法と呼ばれる法分野の問題である。国際裁判管轄権については、従来わが国には明文の規定がなかったが、財産関係事件に関する国際裁判管轄権ルールが、2011年、民事訴訟法の改正という形で制定された。一方、身分関係事件に関する国際裁判管轄権については、いまだ条文はなく、従来同様、その解決枠組みは判例理論に委ねられている。国際裁判管轄権については、本書では必要に応じて言及しているが、多くは、国際裁判管轄権がわが国にあることを前提にした説明となっている。ちなみに、この裁判では、(1)については最判昭39・3・25民集18巻3号486頁を参照しつつ、日本の裁判所に国際裁判管轄権を認めた（横浜地裁の管轄は、当時の旧人事訴訟手続法1条1項を根拠に肯定した）。

2 法律関係性質決定、連結点

上記(2)の準拠法の決定は、狭義の国際私法の問題とも呼ばれるものである。そして、その準拠法決定ルールを定めているものが、「法の適用に関する通則法」（以下、本書では「通則法」という）である。同法は、平成18年に制定された日本の国際私法の基本法典である。それ以前は、「法例」という名の法律がその地位にあった。明治31年に制定された法例は、平成元年に婚姻・親子の領域で大改正があり、その改正内容は現行の通則法にも引き継がれている。なお、これ以外にも、「扶養義務の準拠法に関する法律」、「遺言の方式の準拠法に関する法律」といった特別法も存在する。

通則法は、国籍、常居所（これについては、第13講参照）、行為地、所在地といった連結点（素）と呼ばれる基準を手がかりに準拠法を決定している。たとえば、「人の行為能力は、その本国法によって定める」（4条1項）とか「相続は、被相続人の本国法による」（36条）と定めている。ここでは、「行為能力」や「相続」といった事件（これを、国際私法では単位法律関係と呼ぶ）ごとに、本国すなわち国籍を手がかりに準拠法が決定されている。換言すれば、国際

私法とは、単位法律関係ごとに、連結点を手がかりに、準拠法を決定するものである。しかし、単位法律関係が、いつも明確に定まるものではない。前記事例では離婚とAの親権者決定が求められており、このうち離婚の準拠法は通則法27条に定められているものの、離婚の際の親権者決定を直接の単位法律関係にしている条文は存在しない。しかし、単位法律関係ごとに準拠法を決定する構造からすれば、離婚の際の親権者決定の問題もいずれかの単位法律関係に属させる必要がある。この作業を法律関係性質決定と呼ぶ。具体的にいえば、Aの親権者決定の問題は、27条に定める離婚に属する問題か、32条に定める親子間の法律関係に属する問題か、ということになる。ちなみに、通説・判例は後者を支持している。それはともかく、国際私法では、必ず最初に法律関係性質決定を行わなければならない。これにより単位法律関係が決定すれば、通則法中の該当条文を適用し、それにより当該法律関係に適用すべき準拠法が決まる。

多くの場合、こうして決定された準拠法により具体的な解決が図られるが、時に、決定された準拠法がそのまま適用されないことがある。

2 反致、公序

国際私法は、国際という名がついているため誤解を受けやすいのであるが、あくまで国内法の一つである。したがって、前記の事例に即していえば、日本に日本の国際私法があるように、米国には米国の、中国には中国の、国際私法がそれぞれ存在している。したがって、この事件が米国や中国で問題となれば、それぞれの国際私法が適用され、準拠法が決定され、それにより事件が解決されることになる（米国のそれは、かなり趣を異にするが）。本書での大前提は、各設問が日本で問題となり、日本で解決が図られるというものである。

各国にそれぞれの国際私法があるということは、日本で解決するのと中国で解決するのでは、その結論が異なるということを意味する。たとえば、日本に住む中国人が日本に財産を残して死亡したとすると、その相続問題は、

日本では中国法が準拠法になる（通則法36条）。これに対して、中国では、日本法が準拠法になる（詳細は第25講参照）。当事者からすれば、これはかなり厄介なことである。こうした場合に、日本の解決と中国の解決がバラバラにならないよう、すなわち同一事件に対する両国の解決が矛盾し合わないようにする解決法がある。この場合でいえば、日本の国際私法は、通則法36条により導き出される中国相続法をそのまま適用するのではなく、日本法を準拠法とする中国国際私法のルールを考慮して最終的には日本法を準拠法として適用する、という考え方である。これを反致という（通則法41条）。同条は、「本国法によるべき場合において、その国の法に従えば日本法によるべきときは、日本法による」と定める。これにより、日中間の判決の国際的調和を実現しようとする。なお、反致が成立するのは、準拠法として本国法が適用される事案、具体的には能力、親族および相続に限定される（なお、段階的連結は反致の対象から除外されている。41条ただし書）。

このように、通則法をはじめとする日本の国際私法規定が指定する準拠法を、場合によっては適用しないケースがほかにもある。

国際私法というものが、単位法律関係ごとに連結点を媒介に客観的に、抽象的に、準拠法を決定するという構造をもっているため、論理的には、最終結論は準拠法を適用した結果、はじめてわかる。このため、当事者がおよそ予想もしなかった結論が導き出されることがある。それが日本の法秩序からしてとても容認できないような場合に、準拠法として指定された当該外国法の適用をそもそも排除してしまう考え方がある。国際私法上の公序と呼ばれるものである（通則法42条。詳しくは、第22講参照）。日本の私法的社会秩序を脅かす場合にのみ、いわば緊急避難的に用いるものである。

こうした国際私法上の特別な条項に該当しないのであれば、原則通り、当初の準拠法がそのまま適用されることになる。

上記横浜地裁の裁判例では、離婚については法例16条（通則法27条に相当）により日本法が、Aの親権者決定については法例21条（通則法32条に相当）により米国オハイオ州法が、それぞれの準拠法として指定された。そこでは

反致や公序が問題となることはなく、これら準拠法がそのまま適用され、最終的に、離婚が認められ、Aの親権者はXとされた。オハイオ州法の適用からもわかるように、渉外的な法律関係の解決には、外国法の適用も珍しくない。このため、国際私法にとっては外国法の調査、研究も欠かせない。

2 準拠法の決定過程

以上、述べてきた準拠法決定の道筋を、簡単に図示すれば、以下のようになろう。

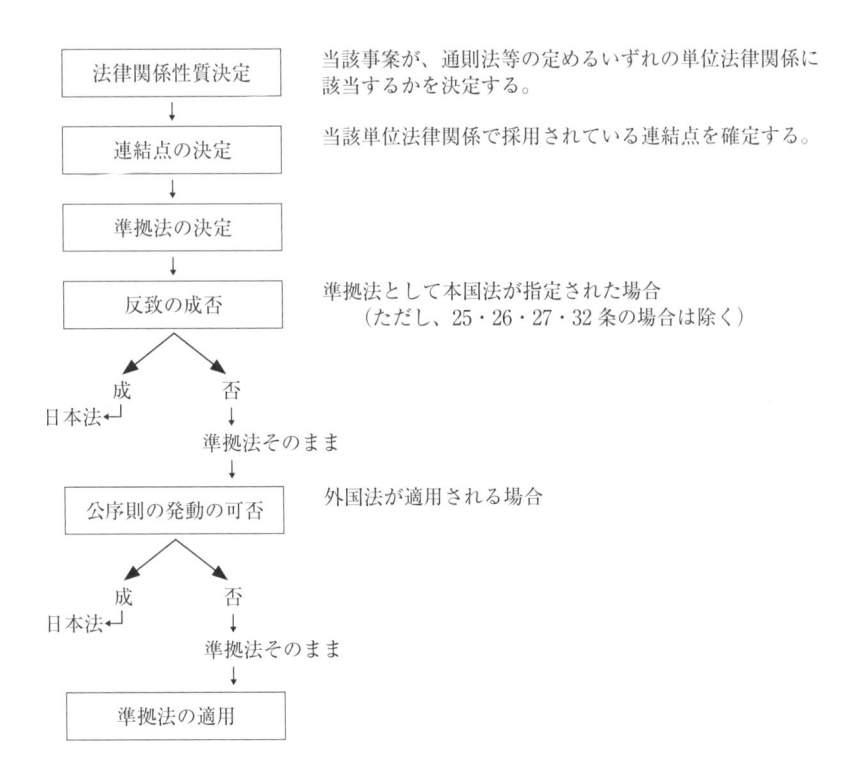

```
┌─────────────┐
│ 法律関係性質決定 │   当該事案が、通則法等の定めるいずれの単位法律関係に
└─────────────┘   該当するかを決定する。
        ↓
┌─────────────┐
│  連結点の決定   │   当該単位法律関係で採用されている連結点を確定する。
└─────────────┘
        ↓
┌─────────────┐
│  準拠法の決定   │
└─────────────┘
        ↓
┌─────────────┐
│   反致の成否   │   準拠法として本国法が指定された場合
└─────────────┘      （ただし、25・26・27・32条の場合は除く）
      ↙   ↘
    成     否
 日本法←   ↓
       準拠法そのまま
          ↓
┌─────────────┐
│ 公序則の発動の可否 │   外国法が適用される場合
└─────────────┘
      ↙   ↘
    成     否
 日本法←   ↓
       準拠法そのまま
          ↓
┌─────────────┐
│  準拠法の適用   │
└─────────────┘
```

きわめて大雑把な図であるが、準拠法の決定過程は以上のような形になる。

国際結婚の基礎　7

◆参考文献
櫻田嘉章『国際私法〔第5版〕』(有斐閣、2006年) 第2章
松岡博編『国際関係私法入門〔第2版〕』(有斐閣、2009年) 第1章 (松岡)

2 インドネシア人男性と結婚する予定の日本人女性です。結婚後、私の国籍は、どうなりますか。また、将来、子どもが生まれた場合、この子の国籍はどうなりますか

(国際結婚と国籍)

▶ 国籍の取得・喪失に関する基本原則

　国籍は個人を特定の国家に結びつける法律的な絆であり、個人は原則として国籍によっていずれかの国家に所属し、その構成員となるとされている。このように、国籍は特定の国家の構成員としての資格であるとともに、国家を構成する国民の範囲を定める要件であることから、国籍の取得および喪失の決定は、各国の国内管轄事項として、それぞれの国家が定めるところによると考えられている。

　現在、多くの国で採用されている出生の際の国籍取得の原理としては、親の血統に従って子が親と同じ国籍を取得する血統主義と、子がその出生地国の国籍を取得する生地主義がある。アメリカや中南米諸国などの移民受入れ国においては、自国への同化や自国民の増加などの主として政策的な理由により生地主義が採用されているのに対して、ドイツ、オーストリアなどのヨーロッパ大陸諸国、わが国をはじめ、中国、韓国、タイ、フィリピンなどのアジア諸国では、血統主義がとられている。インドネシアも、血統主義を採用し、インドネシア共和国国民の子はインドネシア国籍を取得するとしている(インドネシア国籍法4条)。

　このように各国の国籍法の内容が異なり、また国籍の決定はそれぞれの国の国内法によるとされていることから、一人が複数の国の国籍を取得する重国籍や、いずれの国の国籍も取得できない無国籍が生ずる場合がある。このような状況を国籍の抵触と呼んでいる。重国籍は兵役義務や外交保護権の衝

突などの問題を発生させ、無国籍は個人に対する保護が欠ける状態を引き起こすというように、国籍の抵触は種々の不都合を生じさせるため、「人は必ず国籍をもち、かつ、唯一の国籍をもつべきである」という国籍唯一の原則が国籍法の理想とされている（江川＝山田＝早田・18頁以下）。そのため、各国の国籍法は、一方で無国籍の発生を防止するとともに、他方で重国籍を解消するための規定を置いている。たとえば、日本の国籍法は血統主義を原則としているが、日本で生まれた子が、父母ともに知れないとき、あるいは父母のいずれもが無国籍者であるときは、無国籍の発生を防止するため、日本国籍を取得するとしている（国籍法2条3号）。また、重国籍者については、後述するように、国籍選択制度を設けて、一定の年齢に達する前に、日本国籍か外国国籍のいずれかを選択するものとしている（国籍法14条～16条）。

　もっとも、国籍唯一の原則に対しては、たしかに無国籍者はいずれの国による保護も受けることができないこととなり、人権保障の観点からもその防止が強く要請されるが、重国籍については、兵役義務や外交保護権の衝突の問題は、国際法および国内法においてすでに一定の解決がなされており、とくに未成年者の場合には、個人の側に立てば大きな不都合はないとの見解もみられる（芹田・後掲104頁以下）。そのため、ヨーロッパ諸国の国籍法は重国籍の保持に比較的寛容である。これに対して、日本の国籍法は、国籍選択制度のほか、帰化の際の重国籍防止条件（国籍法5条1項5号）、外国への帰化に基づく日本国籍の自動喪失（同11条）、国籍留保制度（同12条）など、重国籍の発生および保持に関して総じて厳格な立場に立つものということができる。

2 夫婦の国籍

　かつての諸国の国籍法では、主として家庭の統一を理由として、妻の国籍は夫の国籍に従うという「夫婦国籍同一主義」が広く承認され、わが国の国籍法でも、日本人と結婚した外国人妻は日本国籍を取得し（旧国籍法5条1号）、他方で、日本人の女性が外国人と結婚してその国の国籍を取得したときは日本国籍を喪失するとされていた（同18条）。しかし、このような夫婦国籍同

一主義は、20世紀初頭以来の両性平等思想の普及、発展と女性の社会的な地位の向上に伴って、欧米諸国を中心として強い批判を受けることとなった。今日では、多くの国で夫婦国籍同一主義は廃止され、国籍の取得および喪失について夫婦は独立であるとする「夫婦国籍独立主義」が採用されている。わが国の国籍法も、第二次世界大戦後に制定された新国籍法では、憲法24条2項の趣旨に基づき、旧国籍法で認められていた夫婦国籍同一主義を廃止し、夫婦国籍独立主義を採用している。したがって、現行の国籍法のもとでは、日本人の女性が外国人と結婚しても、そのことによって日本国籍を失うことはない。

　なお、インドネシア国籍法によれば、インドネシア国民と結婚した外国人で、5年以上継続的にインドネシアに居住する者は（継続的でない場合は、10年以上の居住が必要である）、帰化によってインドネシア国籍を取得することができるとされている（インドネシア国籍法19条1項・2項）。このように帰化によって外国国籍を取得した場合には、自己の志望によって外国の国籍を取得したことになり、重国籍防止の要請から、自動的に日本国籍を喪失することになるので注意が必要である（国籍法11条1項）。

2 子の国籍

　わが国の国籍法によれば、「出生の時に父又は母が日本国民であるとき」は、子は日本国籍を取得するとされている（国籍法2条1号）。これは、血統主義によるとともに、その血統は父方または母方のいずれであってもよいとする、父母両系主義を採用したものである。昭和59年改正前の国籍法は、父系血統主義をとっていたため、国際結婚をした日本人と外国人との間に子どもが生まれた場合、父親が日本人のときは、その子は日本国籍を取得するのに対して、母親が日本人のときは、日本国籍を取得できないという扱いであった。しかし、このように父方の血統を優先する父系血統主義に対しては、憲法上両性平等の原則に反するおそれがあるとの批判があり、また、昭和55年に政府が署名した「女子に対するあらゆる形態の差別の撤廃に関する

条約」を批准するためにも、子どもの国籍取得に関して父母間に差異を設ける父系血統主義を改める必要があったことから、国籍法を改正し、父母両系主義を採用したのである。したがって、現行の国籍法では、子どもの両親のいずれかが日本人であれば、その子は日本国籍を取得することになっている。

　もっとも、国籍法2条が規定する「父又は母」は、単に事実上の親子関係が存在するだけではなく、法律上の父または母と解されている。つまり、子が日本国籍を取得するためには、出生の時点で、子と日本人である父または母との間に法律上の親子関係があることが必要である。国際結婚の場合、夫婦間に生まれた子とその親との親子関係、すなわち嫡出親子関係が成立するか否かは、国際私法によって指定された当該問題の準拠法によることになる。わが国の国際私法である通則法28条1項によれば、嫡出親子関係の成立の準拠法は、子が生まれた当時の「夫婦の一方の本国法」とされている。つまり、父の本国法または母の本国法のいずれかで子の嫡出性が認められれば、その子は夫婦の嫡出子となるわけである（第15講参照）。したがって、設問の場合、子どもが生まれたときの夫の本国法であるインドネシア法または妻の本国法である日本法のどちらかの法によりその子が嫡出子とされるときは、子は夫婦の嫡出子となり、日本人母との間に親子関係が認められることから、子は自動的に日本国籍を取得することになる。

　ところで、インドネシアも、2006年に国籍法を改正し、それまでの父系血統主義を改め、現在では、父母両系主義を採用している。すなわち、同国の国籍法によれば、インドネシア国民たる父と外国人母との嫡出子は、出生によりインドネシア国籍を取得するとされている（4条c）。したがって、設問のように、日本人女性がインドネシア人男性と結婚し、夫婦間に子どもが生まれた場合には、その子は、日本国籍とともにインドネシア国籍も取得することになる。このように国際結婚で生まれた子については、近時、父母両系主義を採用する国が増加したことにより、重国籍となる場合が多いと考えられる。もっとも、日本国籍について注意しなければならないのは、日本人が外国人と結婚し、夫婦間に外国で子どもが生まれた場合には、戸籍法の規

定に従って国籍留保の届出をしないと、その子は出生時にさかのぼって日本国籍を失ってしまうことである（国籍法12条）。このような国籍留保制度は、重国籍の発生を防止するという目的とともに、日本との結びつきが比較的薄く、実効性のない国籍の発生を防ぐという理由から、昭和59年の国籍法改正の際に、従来の生地主義国で生まれた子どもだけでなく、外国において、出生により外国の国籍を取得した、すべての日本国籍をもつ子どもに適用範囲が拡張されている。その結果、日本人の子どもであっても、重国籍となるケースでは、外国で生まれた場合に、国籍留保届をしないと自動的に日本国籍を失うことになる。国籍留保の届出は、出生届の届出義務者である父または母が、子どもが生まれた日から3ヶ月以内に、出生届とともにしなければならないとされている（戸籍法104条1項・2項）。日本の在外公館で使用する出生届の様式には、あらかじめ「その他」欄に「日本国籍を留保する」旨が印刷されているので、その箇所に署名して出生届を提出することで国籍留保の届出をしたものとして扱われる（佐藤＝道垣内・351頁〔佐野〕）。

2 国籍の選択

　国際結婚から生まれた子どもが両親の国籍を取得することによって重国籍となった場合、わが国の国籍法は、一定の年齢までにいずれかの国籍を選択し、重国籍を解消することを要求している（国籍法14条）。すなわち、出生によって重国籍となった日本人は、22歳に達するまでに（外国人の父親から認知されたり、外国人の養子となったりして、20歳になった後に重国籍となったときは、重国籍となったときから2年以内に）、日本の国籍か外国の国籍のいずれかを選択しなければならない（同条1項）。22歳という年齢は、成人に達した後、国籍を選択するために、2年間の熟慮期間を設けたものである。子ども本人が15歳未満のときは、法定代理人である父または母（父母がないときは後見人など）が、本人に代わって選択の手続をする必要がある（国籍法18条）。

　国籍の選択は、次の方法および手続による。

　⑴　日本国籍を選択する場合　　日本国籍を選択する方法としては、重国

籍となっている外国の国籍を離脱するという方法と、日本国籍を維持し、外国の国籍を放棄する旨の宣言を行うという方法がある（国籍法14条2項）。外国国籍の離脱は、当該外国の国籍法に従ってその国の国籍を離脱するものである。たとえば、インドネシア国籍法では、18歳以上またはすでに結婚をしている重国籍者で、インドネシア国外に居住する者は、本人の申請に基づいてインドネシア国籍を喪失することができるとされている（23条c）。このようにして外国国籍を離脱した場合には、国籍の選択が不要となるので、その旨を明らかにするため、外国国籍を有する日本人がその外国国籍を失ったときは、その事実を知った日から1ヶ月以内（その日本人が外国にいるときは、その日から3ヶ月以内）に、外国国籍を喪失した旨の届出をしなければならないとされている（戸籍法106条1項）。

このような外国国籍の離脱は外国の国籍法に従うため、離脱に許可を必要としたり、未成年者の離脱を認めないなど、自国国籍の離脱を制限している国の場合には、容易に国籍の離脱ができない場合がある。そこで、もう一つの方法として、「日本の国籍を選択し、かつ、外国の国籍を放棄する旨の宣言」、いわゆる「選択の宣言」をすることが認められている（国籍法14条2項）。この宣言は、あくまでも日本に対して、日本国籍を維持し、外国国籍を放棄することにより、外国国籍に伴う権利や特権を用いないことを宣言するものである。したがって、この宣言によって外国の国籍を喪失するか否かは当該外国の国籍法によることになるが（たとえば、インドネシア国籍法では、外国に対して自発的に忠誠を誓った場合、インドネシア国籍を喪失するとされている。同国国籍法23条f）、日本国籍については、選択の宣言によって国籍の保有が確定することになる。選択の宣言の手続は、戸籍法に従って、その旨を届け出ることによって行うことになっている（戸籍法104条の2）。

(2) 外国国籍を選択する場合　外国国籍を選択する方法は、日本国籍の離脱と外国の国籍法に従った外国国籍の選択である。重国籍の日本人は、法務大臣に届け出ることによって日本国籍を離脱することができる（国籍法13条1項）。日本は、比較法的にみても、最も広く国籍離脱の自由を認めており、

国籍の離脱について特別な条件を定めていない。外国国籍を選択するもう一つの方法は、外国の国籍法に従って、その国の国籍を選択することである。たとえば、インドネシア国籍法は、重国籍の子どもは、18歳に達すると（それ以前に結婚したときは、そのときから）3年以内に、インドネシア国籍か外国国籍のいずれかを選択しなければならないとしている（6条1項・3項）。これによって、外国の国籍を選択した場合には、その子どもは日本国籍を自動的に喪失することになる（国籍法11条2項）。

(3) 国籍選択の催告　重国籍者が所定の期間内に国籍の選択をしない場合には、法務大臣は、書面により、国籍の選択を催告することができるとされている（国籍法15条1項）。催告を受けた者が1ヶ月以内に日本国籍を選択しないときは、特別の事情のない限り、その期間が経過したときに日本国籍を失うことになる（同条3項）。したがって、重国籍者は、国籍選択の催告を受ける前に、自発的に国籍を選択しておくことが望ましい。

なお、日本国籍の選択宣言をした者は、重国籍の解消を図るため、外国国籍の離脱に努めることが義務づけられている（国籍法16条1項）。外国国籍の離脱は、各国の国籍法の要件が多様であり、必ずしも簡単ではないことから、本人の自発的な努力に委ねることにしたものである（江川＝山田＝早田・156頁）。

◆参考文献
木棚照一『逐条註解　国籍法』（日本加除出版、2003年）
芹田健太郎『永住者の権利』（信山社、1991年）
西堀英夫＝都竹秀雄『渉外戸籍の理論と実務〔第3版〕』（日本加除出版、2011年）

3 韓国人男性と結婚する日本人女性です。韓国では、結婚しても名字は別々と聞きましたが、私は配偶者の名字を名乗ることができるのでしょうか

（国際結婚と戸籍）

🔢 婚姻と戸籍

　日本法においては、婚姻は、戸籍法の定めに従った届出をすることにより、はじめてその効力を生じるとされ（民法739条1項）、届書には、夫婦の称する氏の記載が必要である（戸籍法74条1号）。このように、婚姻および夫婦の氏のいかんと、戸籍とは、密接な関係にある。

　戸籍と呼ばれる制度は、古くから存在しており、さまざまな変遷を経験している（たとえば、谷口・後掲1頁以下を参照）。現行の戸籍法を前提とすれば、戸籍は、基本的に、夫婦およびこれと氏を同じくする子ごとに編製されるものであり（戸籍法6条1項本文）、個人の身分関係を公示・公証する制度である（戸籍法13条・10条1項などを参照）といえよう。なお、日本人でない者については、日本人たる配偶者の身分事項欄に記載されるにとどまるなど（戸籍法施行規則36条2項）、戸籍上、日本人とは異なる扱いを受けている（戸籍法6条ただし書などを参照）。

　戸籍における届出は、講学上、二つに分類されている。その一つは、民法739条1項における届出のように、届出によってはじめて身分関係が生じる、創設的届出と呼ばれるものである。もう一つは、報告的届出と呼ばれるもので、すでに成立している身分関係を、事後的に届け出るものである。報告的届出は、婚姻の場合、婚姻の方式が外国法によるとき（通則法24条2項および3項を参照）に問題となる（戸籍法41条1項などを参照）。

2 婚姻に伴う氏の変更と戸籍実務

　日本人と外国人との婚姻の届出があったときには、当該日本人につき、新戸籍が編製される（戸籍法16条3項本文）。婚姻届には、夫婦が称する氏およびその他法務省令で定める事項を記載しなければならないが（戸籍法74条）、戸籍実務上は、外国人と婚姻した日本人について、民法750条の適用はなく、婚姻に伴い氏が変更することはないものとして、新戸籍が編製されている（その前提として、少なくとも日本人については、通則法33条〔および38条1項ただし書〕により、日本法を準拠法としている、と評価できようか〔たとえば、山田・560頁を参照〕）。

　戸籍実務がこのような処理を行う実質的な理由は、次のように説明されることがある。すなわち、「個人の呼称に関する制度は各国さまざまであり、外国法におけるその変動の事由はわが国と同一でないばかりでなく、国によっては法律によらず、これを慣習又は習俗にゆだねている例が少なくないこと」、「戸籍法は、民法の規定する氏に従って戸籍の取扱いをするときは、外国法が必ずしも十分に分かっていないなど種々の困難が伴い、取扱いが不可能な場合が少なくないこと」、である（佐藤＝道垣内・308頁〔北澤〕）。

　したがって、その当否はともかく、このような戸籍実務を前提とする限り、およそ日本人が外国人と婚姻する場合には、日本人は、婚姻前に称していた氏を引き続き称することになる。韓国においては、たしかに、婚姻しても、夫婦がそれぞれの氏を引き続き称することとされているが、韓国におけるこのような事情は、この結論に影響しているわけではない。

3 戸籍法107条2項および1項による氏の変更

　現行の戸籍実務を前提とする限り、外国人と婚姻した日本人は、婚姻しただけで、その氏を変更するということはない。とはいえ、外国人と婚姻した日本人は、戸籍法107条2項により、婚姻の成立後6ヶ月以内に限り、家庭裁判所の許可を得ることなく、届出だけでその氏を外国人配偶者の称している氏に変更することができる（これは、昭和59年の戸籍法改正の際に導入された規

定である。それまでは、外国人と婚姻した日本人が、外国人配偶者の氏を称するためには、戸籍法107条1項による氏の変更が必要であった）。

　戸籍法107条2項による氏の変更は、外国人たる配偶者の正式な氏と同じ氏を、日本人が称しようとする場合に認められるものである。したがって、外国人配偶者の、いわゆる通称へと、日本人配偶者が氏を変更することはできない（佐藤＝道垣内・311頁〔北澤〕）。したがって、いわゆる在日韓国・朝鮮人（の一部）が称する通称（多くの場合には、日本名）へ、日本人がこの規定に従ってその氏を変更することは認められないことになる。

　それならば、戸籍法107条1項により、外国人配偶者の通称である日本名へ、日本人配偶者はその氏を変更することができるか。これを否定する裁判例もあるが（たとえば、大阪家審平元・7・13家月42巻10号68頁およびその抗告審たる大阪高決平元・10・13家月42巻10号70頁を参照）、これを認める裁判例もある（いくつか存在するが、最近のものとして、福岡高決平22・10・25家月63巻8号64頁を参照。そこでは、「外国人の配偶者と婚姻した日本人が、その婚姻生活を円満に営んでいくために、外国人の配偶者と同じ氏を称することを希望する場合においては、この希望を尊重すべき十分な理由があることはいうまでもないところであり、外国人配偶者が通称である日本名を永年にわたって使用し、社会生活において、その通称が定着していると認められるときには、これを実氏名の場合と同様に取り扱い、外国人配偶者の通称に従った氏の変更は、戸籍法107条1項所定の『やむを得ない事由』が具備されているとしてこれを許可すべきものと解する」（65頁）と指摘されている）。なお、2項は、「1項所定の『やむを得ない事由』が典型的に存在する場合として、同条1項の特則として置かれた規定であると解されるから、外国人と婚姻をした者が、家庭裁判所の許可を得て、配偶者の通称名に変更することを制限する趣旨であるとは認められない」（66頁）であろう（さらに付言すれば、亡夫の通氏への変更を認めた裁判例も存在する〔大阪高決平9・5・1家月49巻10号93頁〕）。

　したがって、設問の場合、戸籍実務を前提とする限り、韓国人配偶者の名字を、それが実氏名である場合には、戸籍法107条2項により、婚姻から6ヶ月以内においては、家庭裁判所の許可なしに、届出によって、日本人配偶

者は名乗ることができることになる。韓国人配偶者の名字が通称である場合には、戸籍法107条1項により、正当な事由があるものとして、家庭裁判所の許可が得られれば、これを日本人配偶者は名乗ることができることになろう。

２ 婚姻に伴う氏の変更の準拠法

　学説上、以上のような戸籍実務の取扱いを、氏名公法理論という観点から、正当化する見解もある（たとえば、澤木＝道垣内・163頁）。また、「氏名公法説的な考え方を採った上で、戸籍法上の氏の変更制度や記載例の枠組みの中で、当事者の便宜と氏名の安定性を考慮し、具体的結果の妥当性を図っているのが現在の実務である」（百選・163頁〔清水〕）との評価もある。さらには、戸籍法107条2項を含めて、渉外事件における戸籍法の氏変更に関する規定を、一種の渉外実質法として把握しようとする見解（海老沢・後掲27頁）などもある。

　その一方で、戸籍実務に対しては、かねてから強い批判が向けられ、議論が積み重ねられてきている。裁判例においては、「戸籍は実体法上の身分関係を反映するものであつて、戸籍法の規定から実体法たる国際私法や民法の規定を規制するがごとき戸籍実務のあり方は疑問とせざるをえない。又、戸籍実務の上記の解釈は、日本法上の氏は日本人固有のものと解していることによるものと考えられるが、氏は旧法下においては、家の呼称とされ日本人すべてはいずれかの家に属し、その家の呼称をもつて氏としていたが、日本国憲法の施行に伴い、家制度が廃止され、その結果氏が個人の呼称に変つたものと解されるので、渉外関係における氏の問題も個人の呼称という諸国に共通した概念でとらえるべき」（京都家審昭55・2・28家月33巻5号90頁〔94〕）であると指摘されていた。学説においても、ときに先鋭的に（石黒・後掲1頁）、多くの批判が向けられているところであり（最近のものとして、たとえば、西谷・後掲147頁）、戸籍法107条2項を含めて、「渉外戸籍実務の立場は」、「家制度的発想の残滓であり、国際私法上の扱いを戸籍に反映させないという意

国際結婚の基礎　　19

味で疑問である」(百選・159頁〔大村〕)と指摘されている。

　それならば、婚姻に伴い、夫婦の氏が変わるか否か、変わるとしてどのように変わるのかという点は、国際私法上、いかに考えられるべきか。

　外国の立法例の中には、人の氏名に関する明文の規定もあるが、わが国においては、法例にも、通則法にも、人の氏名に関する明文の規定はない（立法は、自覚的に見送られている）。しかし、「人の氏名はその者の属人法（本国法）による」という不文の原則が存在するということは、広く承認されている。見解が分かれるのは、婚姻という身分変更を伴う氏の変更についても、この不文の原則によると考えるのか（人格権説ないし氏名権説、たとえば、溜池・444頁）、それとも、婚姻の効力準拠法（通則法25条）によると考えるのか（効力準拠法説、たとえば、山田・559頁）、という点である（さらに、当事者の本国法によりつつ、当事者により効力準拠法の選択を認める見解〔木棚＝松岡＝渡辺・250頁〔木棚〕〕や、問題を細分化して考える見解〔百選・159頁〔大村〕〕もある）。

　設問の場合、人格権説によれば、日本人女性の氏の問題については、日本法が適用され、民法750条に基づいて、夫または妻の氏を称することになる。このとき、夫婦が夫の氏を称することを希望していれば、法律上、夫の名字が日本人妻の氏になるのであるから、戸籍法116条（または113条）に従い、戸籍の訂正をすることによって、夫の名字を戸籍上も名乗ることができることになろう。効力準拠法説によるときであっても、夫婦の同一常居所が日本にあるか、夫婦に最も密接な関係のある地が日本であるために、準拠法が日本法となる場合には、やはり同様の判断がなされることになる。

◆参考文献
石黒一憲「人の氏名と国際家族法」家月37巻9号1頁（1985年）
海老沢美広「渉外的な夫婦の氏試論」判タ766号27頁（1991年）
谷口知平『戸籍法〔第3版〕』（有斐閣、1986年）
西谷祐子「渉外戸籍をめぐる基本的課題」ジュリ1232号147頁（2002年）

4

> 日本に住む外国人は外国人登録をしなければならないと聞きました。すべての外国人が対象になるのでしょうか。その手続はどういうものでしょうか

(外国人登録)

🔲 外国人登録法の廃止

　これまで、外登法により、日本に住む外国人は、居住する市区町村に滞在のようすを登録することになっていた。これが外国人登録である。他方、日本人と違い、こうした外国人は正規の「住民」とはされず、住民基本台帳に記録されることはなかった。だが、ほどなくこの制度は廃止され、新制度に移行することとなっている（平成 24 年 7 月 9 日の予定）。平成 21 年の「出入国管理及び難民認定法及び日本国との平和条約に基づき日本の国籍を離脱した者等の出入国管理に関する特例法の一部を改正する等の法律」（以下「改正法」という）により、外登法は廃止され（4 条）、これと併行して住基法も改正された。

　外国人登録制度はもともと、戦後まもなく、しばしば「在日」を冠して呼ばれる今日の特別永住者にあたる人たちを主に念頭に置いてつくられた。その後、国際的な往来が活発化し来日する外国人が増加して、総合的な枠組みとしては時代に合わなくなっていた。そこで、新制度に移行することになったものである。そのため、特別永住者については、枠組みは変わるものの現行制度が実質的に維持されることになっている（改正の詳しい経緯については、山田＝中川ほか・後掲 5 頁以下、井口・後掲 80 頁以下参照）。

　ここでは、まず新制度の基本枠組みをみた後、設問に対応して現行制度を説明しつつ、関連する新制度について説明をつけ加える。なお、新制度の説明に付記する参照法条は、とくに断らない限り改正後のものである。

2 新制度の基本枠組み

　外国人登録には、本来、どのような外国人がどこでどのように滞在しているか、その在留状況を知り、入管法により外国人の出入国・在留管理を行う法務省入国管理局に伝えて、その公正・的確な実施を補助する役割があった（外登法1条参照）。また実際には、そのほかに、市区町村がこれを通して、その地に住む外国人に対して市区町村として対応するための情報を手に入れるという付随的だが重要な機能もある。

　新制度では、これまでの市区町村における外国人登録に替えて、法務大臣が在留カード等を交付し、外国人の入国後もその在留状況を継続して把握することになった（入管法19条の18・19条の19参照）。来日外国人を念頭に、在留状況をより正確に把握し対処するため、外国人登録の本来的な機能の部分が法務省のもとに一元化されたのである。他方、市区町村では、新たに外国人についても日本人と同じく住民票を作成し住民基本台帳に記録することとなった（住基法39条）。従来は「事実上の住民」にとどまったが、新制度では正規に「外国人住民」として対応することになる。

　このように、外国人登録が廃止されても、滞在する外国人を区分し、管理の的確化・効率化、外国人の利便性の向上などが図られるものの、制度が目指すところなど、本質的な変更はない。形式的な枠組みとしては大きな変更で、移行に伴い多少の混乱はありうるが、基本的に入国・在留管理と地域住民対応という各機能に合わせて切り分けるもので、移行後はより素直なわかりやすい制度になると思われる。

3 外国人登録の対象者

　現行法では、特別な一時的滞在ではなくて日本に居住する外国人は、原則として外国人登録をしなければならない（外登法2条1項・3条1項）。不法入国した外国人も同じである（最大判昭31・12・26刑集10巻12号1769頁など）。ただ、すべての外国人が登録を申請しなければならないわけではない。

　たとえば両親の一方が日本国籍である子など、日本の国籍も有する者（重

国籍者）は、在留や登録の関係では外国人ではない（入管法2条2号、外登法2条1項）。「外交」または「公用」の資格で在留する者、在日米軍の軍人・軍属とその家族（日米地位協定9条2項）なども、登録を申請する必要がない（畑野＝倉島ほか・後掲317頁以下参照）。なお、このように日本国籍の有無や外国人の在留・登録などに関連して、配偶者かどうか、親子かどうかなど、親族に関する身分関係が問題となるときは、日本の国際私法を通して判断される（江川＝山田＝早田・27頁以下、山田・160頁、山田＝黒木・101、221頁）。ただ、現実の登録事務などは、婚姻証明書などの書類により形式的に処理される。

また、入国した日から90日以内に出国する外国人も、登録の必要がない。日本で生まれた外国人や日本国籍の喪失などにより日本で外国人になった者も、60日以内に出国する場合は登録の必要がない（外登法3条1項参照）。

他方、新制度でも、おおむねこれまでの外国人登録の対象者に、法務大臣より在留カードまたは特別永住者証明書が交付される。在留カードが交付されるのは、在留資格をもって滞在する外国人のうち、3月以下の在留期間が決定された者、在留資格が「短期滞在」、「外交」または「公用」の者などを除いた、「中長期在留者」と呼ばれる外国人である（入管法19条の3）。特別永住者には、特別永住者証明書が交付される（入管特例法7条）。なお、外国人住民として住民基本台帳に記録されるのも、主に中長期在留者と特別永住者である（住基法30条の45）。ただ、これらの制度の対象者は、適法に在留する外国人に限られる。そのため、新制度から漏れる非正規滞在者や不法滞在者の処遇が懸案となっている（改正法附則60条1項・2項、住基法改正法附則23条参照。また氏家・後掲153-154頁参照）。

２ 外国人登録の手続

新規に外国人登録を行うには、居住地の市区町村長に対して、旅券を添えて、在留状況等を記入した外国人登録申請書と顔写真2葉を提出する。なお、16歳未満の者は、顔写真の提出を要しない（外登法3条）。登録申請は、本人が自ら出頭して行うのが原則であるが、16歳未満または病気や身体の故障

のときは代理により申請する（同15条）。登録しなければならない者が申請を怠ると、処罰されることがある（同18条）。

なお、かつては他人のなりすましを防ぐため、申請の際に指紋を押捺することになっていたが（同旧14条）、現在は廃止され、本人の署名（同14条）や家族事項の登録などで代替されている。ただ他方で、特別永住者、16歳未満の者、外交官などを除き、外国人は入国に際して電磁的方式により指紋と写真を個人識別情報として提供することになっている（入管法6条3項、入管法施行規則5条6項）。

登録申請がなされると、外国人登録原票に登録され、その写票が法務大臣に送られるとともに（外登法4条）、申請者に外国人登録証明書（以下「外登証」という）が交付される（同5条）。16歳以上の外国人は、外出の際は常に外登証を携帯しなければならない（同13条1項）。外登証を携帯すれば、旅券などは携帯しなくてよい（入管法23条1項）。入国審査官、入国警備官、警察官、外国人登録職員などから外登証の提示を求められたときは提示しなければならない（外登法13条2項）。なお、外登証を紛失などでなくした場合の再交付（同7条）、著しく破損したとか汚れたときの引替交付（同6条）、一定期間ごとに登録内容を確認するための切替交付（同11条）などの関連した手続がある。

新制度では、新規に上陸する中長期在留者には、入国審査官より在留カードが交付される（入管法19条の6）。在留資格や在留期間の変更、出生後の在留資格取得などにより、新たに中長期在留者になる者には、各許可の際に在留カードが交付される（同19条の3・20条4項1号・21条4項・22条3項・22条の2第3項・4項・22条の3・50条3項・61条の2第2第3項1号）。在留カードの携帯義務と提示義務がある点は、外登証と同様である（同23条）。

中長期在留者は、住居地（日本における主たる住居の所在地）を定めた日（または中長期在留者になった日）から14日以内に、住居地の市区町村長に対して在留カードを提出して法務大臣に届け出なければならない。在留カードは、住居地を記載のうえ返還される。実際には、住基法による外国人住民としての

転入届等も行う必要があり（30条の46・30条の47）、その届出に合わせて行うことになる（入管法19条の7・19条の8）。外登証と比べ、交付が市区町村へ出向くより先になるが、結局は大差がない。なお、本来「住居地」は「住所」よりやや広いものを意味するが、日本に住む外国人については住基法における「住所」と事実上一致するとされている（山田＝中川ほか・後掲38頁）。

届出は、本人が自ら出頭して行うのが原則だが、比較的緩やかに代理が許される（入管法61条の9の3第1項1号・2項・3項）。届出を怠ると処罰されることがある（同71条の3第1号）。新たに中長期在留者になった者が90日以内に住居地を届け出ないと在留許可を取り消されることもある（同22条の4第1項8号）。

なお、新制度移行時に、すでに来日している中長期在留者が所持する外登証は、当分の間、在留カードとみなすことになっている（改正法附則15条）。各種の申請や届出の際に、または本人の希望により切り替える。

他方、特別永住者は、新制度に移行する際、すでに外登証を所持しているのが通例であり、当面は、これが特別永住者証明書とみなされる（同28条）。やはり各種の申請や届出の際などに切り替えることになる。日本で生まれた子孫などは、申請して特別永住許可を受けたとき、特別永住者証明書が交付される（入管特例法7条2項・3項）。なお特別永住者証明書についても提示義務があるが、旅券も含め携帯義務は廃止される（同17条2項・4項）。住居地の記載のない特別永住者証明書の交付を受けた者は、中長期在留者と類似の手続により、住居地の届出を行う必要がある（同10条。代理届出につき同19条）。届出を怠ると処罰されることがある（同32条1号）。

なお、在留カードや特別永住者証明書についても、紛失等による再交付の手続などがある（入管法19条の11・19条の12・19条の13、入管特例法12条・13条・14条）。

また、外国人登録がなされている者のうち新制度移行日に外国人住民となる者については、すでにあるその登録を用いて住民票に移行させることになっている（住基法改正法附則3条・4条）。なお、日本で生まれた外国人につい

国際結婚の基礎

て出生の届出があれば、それに基づいて住民票が作成される（安東・後掲41頁）。

2 外国人登録で記録される事項

　一般に外国人登録原票に記録される事項は、登録番号、登録日のほか、氏名、出生日、性別、国籍、本国での住所・居所、出生地、職業、旅券番号、旅券の発行日、上陸許可日、在留資格、在留期間、居住地、世帯主の氏名、世帯主との続柄、申請者が世帯主の場合は世帯の構成者の氏名・出生日・国籍・世帯主との続柄、日本にいる父母・配偶者の氏名・出生日・国籍、勤務所・事務所の名称と所在地である。なお、申請時に提出された顔写真1葉がはりつけられる（外登法施行令1条）。ただ、永住者や特別永住者については、職業や勤務所等に関する記録を要しない。また、1年未満の在留期間で滞在している外国人は、世帯構成者や日本にいる父母・配偶者に関する記録を要しない（外登法4条1項）。

　外登証には、16歳未満の者を除き顔写真の表示があるほか、世帯構成者や日本にいる父母・配偶者に関する事項を除く登録原票に登録された事項、外登証の次の切替のための申請期間などが記載される（同5条1項、外登法施行規則4条）。

　他方、新制度では、各種の申請・届出等の際に入手される身分関係や在留状況の情報が記録されることになるが、在留カードには、本人の氏名、生年月日、性別、国籍等、住居地、在留資格、在留期間、在留期間満了日、許可の種類（上陸許可など）と年月日、在留カードの番号、交付日と有効期間満了日、就労制限の有無、資格外活動の許可を受けているときはその旨などが記載され、16歳未満の者を除き顔写真が表示される（入管法19条の4）。

　特別永住者証明書には、本人の氏名、生年月日、性別、国籍等、住居地、特別永住者証明書の番号、交付日と有効期間満了日が記載され、16歳未満の者を除き顔写真が表示される（入管特例法8条）。これまでの外登証と比べて、記載事項は大幅に減少する。

また、外国人住民の住民票記載事項は、おおむね日本人と同じ事柄のほか、国籍、中長期在留者・特別永住者等の区分、中長期在留者に関する在留資格、在留期間などである（住基法30条の45）。

　なお、これらの記録が外国人の滞在状況を正しく反映するような配慮がなされている。

　現行の外国人登録では、たとえば居住地が変わったときは、14日以内に新居住地の市区町村長に居住地変更登録を申請しなければならない（外登法8条）。氏名、国籍、職業、在留資格、在留期間、勤務所・事務所の名称と所在地に変更があった場合も同じである（同9条1項）。変更は法務大臣に報告される（同16条）。

　新制度でも、中長期在留者は、住居地が変わったときは14日以内に、通例は住基法による転入届や転居届（22条・23条・30条の46）に合わせて、新住居地の市区町村長を経由して法務大臣に届け出なければならない（入管法19条の9）。氏名、国籍等が変わったときも届け出るが、窓口は地方入国管理局になる（同19条の10）。また在留資格に応じて、勤務先・学校などの所属機関や配偶者との離婚・死別という身分関係の変更があった場合も届出が必要である（同19条の16）。他方、特別永住者も、住居地、氏名、国籍等が変わったときは届け出るが、出向く先は従来と同じく居住地の市区町村である（入管特例法10条・11条）。

　なお、外国人住民は、転入届、転居届等のほか、婚姻、養子縁組などにより世帯主との続柄に変更があったときは、住民票に反映させるため市区町村長に届け出ることになっている（住基法30条の48）。また、地方入国管理局で届出がなされる氏名や国籍等の変更のほか、在留資格の変更、在留期間の更新などについては、法務大臣から市区町村長に通知される（同30条の50）。

◆参考文献
安東健太郎「住民基本台帳法改正の背景と概要」法律のひろば62巻11号35頁（2009年）

井口泰「改正入管法・住基法と外国人政策の展望」ジュリ1386号79頁（2009年）

氏家正喜「住民基本台帳法の一部を改正する法律」自由と正義60巻11号150頁（2009年）

畑野勇＝倉島研二ほか『外国人の法的地位』（信山社、2000年）

山田利行＝中川潤一ほか『新しい入管法』（有斐閣、2010年）

5

日本人男性ですが、今度、外国人の女性と結婚することになりました。彼女の在留資格や日本での登録はどうなりますか。また、もし2人が離婚したり、私が死亡した場合、その在留資格はどのようになりますか

（婚姻と在留資格）

2 日本の出入国管理制度

　現在の国際社会はそれぞれが主権をもつ主権国家によって構成されており、外国人の入国や在留を許可するかどうかは、その時々の国際情勢やその国の経済状況、労働事情、国民生活などを考慮して、国家が独自に決定できるとされている。そのため、各国の出入国管理のシステムもさまざまである。それらを大別すれば、次の三つのタイプに分けることができる（山田＝黒木・7頁）。

　すなわち、一つは、国防や治安に重点を置いて出入国管理を行うタイプであり、かつては多くの国で採用されていたシステムである。これらの国では、警察や公安当局が制度の運用を担当している。

　二つめは、ヨーロッパ大陸諸国で採用されているもので、入国および在留については厳密な手続や制限を定めないタイプの管理制度である。その代わり、これらの諸国では、とくに外国人が国内で労働に従事する場合について、労働許可などの厳格な規制が行われている。

　第三は、移民法の流れをくむアメリカ型の管理制度で、外国人の入国および在留に関して在留活動の範囲をあらかじめ定める「在留資格」制度をとり、詳細な手続規定に基づいて、移民局などの独立した機関が出入国の管理を行うものである。現在の日本の出入国管理制度は、アメリカ型の制度を採用している。

　わが国の出入国管理に関する基本法は、「出入国管理及び難民認定法」（以

下、「入管法」という）である。入管法は、出入国管理に関する規定と難民認定の手続を定める規定からなっており、出入国管理に関する規定は、管理の内容に関する実体規定と管理の実施に関する手続規定を定めている。また、出入国管理および難民認定に関する事務は法務省の入国管理局が取り扱っており、それらの事務を分掌するために、全国を8管区（札幌、仙台、東京、名古屋、大阪、高松、広島および福岡）に分けて地方入国管理局を置くとともに、成田空港、関西空港などの国際空港、横浜、神戸などに支局が置かれ、さらにその下に出張所が設けられている。

2 外国人の在留資格および査証

　日本に在留する外国人は、一般に、日本への上陸または在留を許可された際に与えられた在留資格をもって在留するものとされている（入管法2条の2）。在留資格とは、外国人が日本国内に在留する間、法律に定められた一定の活動を行うことができること、あるいは一定の身分または地位を有する者としての活動を行うことができることを示す入管法上の法的資格である（山田＝黒木・32頁）。たとえば、「興業」の在留資格は、「演劇、演芸、演奏、スポーツ等の興業に係る活動又はその他の芸能活動」を行うことができることを示し、「日本人の配偶者等」の在留資格は、「日本人の配偶者若しくは特別養子又は日本人の子として出生した者」の身分を有する者として日本国内で活動できることを示している。このような在留資格は、日本国内で行うことができる活動、または日本国内において有する身分もしくは地位の観点から、27種類に分けて入管法の別表に定められている（入管法別表第1・第2）。したがって、入管法に定めがない目的で外国人が日本国内に在留することは許されない（たとえば、特別な技術を要しない単純労働に従事する目的で外国人が日本に残留することは許されていない）。

　外国人が日本に入国し、上陸するためには、有効な旅券を所持していることのほかに、原則として、海外にある日本の大使館や領事館等で発給された査証（VISA、ビザ）を受けていることが必要である（入管法6条1項）。査証と

は、外国人申請者の旅券の真偽、渡航目的などを事前審査した上で、当該の外国人が日本に入国および滞在しても差し支えない旨の、在外の領事館等が発行する入国許可のための推薦文書である（山田＝黒木・24頁）。具体的には、有効な旅券にスタンプ（証印）を押すという形で査証が発給される。査証を受けていることは、あくまでも上陸許可を受けるための要件であり、日本への入国および上陸を許可するものではない。したがって、入国審査の際に、審査の結果、他の上陸許可の要件を満たしていない場合には、上陸が許可されないことがあるので注意を要する（入管法7条1項）。なお、観光などの短期間の滞在については、外国との協定や取決めなどによって査証を免除された国の国民は、査証を受けないでも日本への入国が許される（入管法6条1項）。

2 外国人妻の在留資格

　日本人と結婚した外国人が日本国内での在留を希望する場合には、前述した「日本人の配偶者等」の在留資格で在留することができる。夫婦は一般に同居の義務を負っているので（民法752条）、外国人の配偶者が日本での在留を希望するときは、原則として、在留資格が認められる。在留の手続は以下の通りである。

　(1)　日本人と結婚した外国人が日本人の配偶者として日本に入国しようとする場合　　前述のように、外国人配偶者は、日本に入国するため、外国にある日本領事館等であらかじめ査証の発給を受ける必要がある。査証の発給を受けるためには、旅券、申請書、写真のほか、法律上有効に結婚していることを証明する戸籍謄本、婚姻届出証明書などの文書が必要である（山田＝黒木・141頁）。また、日本人が外国にいる外国人配偶者を呼び寄せる場合には、日本人配偶者が本人に代わって、事前に在留資格認定証明書の交付を受け、これを外国にいる配偶者に送って査証の発給を受ける方法がとられている（入管法7条の2）。在留資格認定証明書は、日本に入国しようとする外国人について、その外国人が日本において行おうとしている活動が虚偽のものでなく、その在留目的が入管法に定める在留資格のいずれかに該当することを法

務大臣があらかじめ認定したことを証明する文書である。したがって、在留資格認定証明書を在外公館に提示すれば、すみやかに査証が発給される。

　なお、日本人の婚約者として入国し、日本で結婚を予定している場合は、日本に入国、上陸する時点ではまだ日本人の配偶者ではないため、知人、親族等の訪問を目的とした「短期滞在」の査証で入国し、日本で結婚した後、在留資格変更の手続をとることになる（山田＝黒木・102頁）。

　(2)　外国人が日本に在留中に日本人と結婚した場合　　日本にすでに在留する外国人が日本人と結婚した場合には、在留資格を「日本人の配偶者等」に変更することで引き続き残留することができる（入管法20条1項）。残留資格の変更の申請には、在留資格変更許可申請書、旅券、外国人登録証明書（平成21年改正法施行後は、中長期滞在者につき在留カード）のほか、結婚を証明する戸籍謄本または婚姻届出証明書、当該外国人本人または日本人配偶者の職業および収入に関する証明書、日本人配偶者の身元保証書が必要である（入管法施行規則20条2項・3項・別表第3）。在留資格の変更は、申請すれば当然に許可されるわけではなく、在留資格の変更を適当と認めるに足りる相当の理由があるときに限り、法務大臣がその裁量に基づき許可するものとされている（入管法20条3項）。「日本人の配偶者等」の在留資格についても、近年、偽装結婚の事案が増加していることもあり、単に法律上婚姻が成立しているだけではなく、実質的にも夫婦としての実態を備えていることが必要であると解されている（山田＝黒木・142頁）。最高裁判所も、外国人が「日本人の配偶者等」の在留資格をもって日本に在留するためには、単に日本人配偶者との間に法律上有効な婚姻関係にあるだけでは足りず、当該外国人が日本国内で行おうとする活動が日本人の配偶者の身分を有する者としての活動に該当することが必要であると判示している（最判平14・10・17民集56巻8号1823頁）。

　「日本人の配偶者等」の在留資格が与えられた場合には、在留活動上の制限はなく（入管法19条1項）、日本人と同様に就労することができる。在留期間は、3年または1年のいずれかである（入管法施行規則3条・別表第2）。在留期間は、期限が到来する前に更新の申請をすることで期間を延長することが

できる（入管法21条1項）。在留期間の更新は、法務大臣が「更新を適当と認めるに足りる相当の理由があるときに限り」許可されるのであり、申請すれば当然に許可されるわけではない。したがって、法律上の婚姻関係は継続しており、日本人配偶者の戸籍上は妻または夫として身分事項欄に記載されていても、夫婦関係が破綻し、すでに長期間にわたり夫婦としての実態がないような場合には、在留期間の更新が認められないことがある。

　日本に長期にわたり在留する外国人は、永住許可を受けることにより、日本に永住することができる。一般に、永住許可を得るためには、「素行が善良であること」および「独立の生計を営むに足りる資産又は技能を有すること」の要件に適合している上に、その者の永住が日本国の利益に合致すると認められる場合でなければならず（入管法22条1項）、実務上、10年以上引き続き日本に在留していることが基準とされている。しかし、日本人の配偶者については、素行要件と生計要件を満たさないときでも、法務大臣は永住許可をすることができるとされており、許可の要件が緩和されている。また、在留期間も、3年から5年程度の継続的な在留歴があれば永住許可が認められている（山田＝黒木・136頁）。

2 外国人の登録

　日本に在留する外国人は、短期滞在者、「外交」または「公用」の資格で在留する者などを除き、外国人登録法（以下、「外登法」という）に基づき、外国人登録をすることになっていた（外国人登録については、第4講参照）。したがって、外国人が日本人と結婚し、「日本人の配偶者等」の在留資格を認められたときは、日本に新規に入国した外国人については上陸した日から90日以内、在留資格の変更が許可されたときは許可の日から14日以内に、居住地の市区町村長に対して、外国人登録または変更登録の申請をする必要があった（外登法3条・9条）。平成21年の入管法改正により外登法が廃止されることに伴い、改正された入管法の施行後は、外国人登録証明制度に代わり、法務大臣が中長期在留者に対して「在留カード」を交付することになってい

国際結婚の基礎　33

る。具体的には、「日本人の配偶者等」の在留資格で新規に入国する外国人については上陸の際に在留カードが入国審査官から交付され（入管法19条の6）、すでに日本国内に在留し、在留資格の変更許可によって中長期在留者となった場合には、許可に際して在留カードが交付される（入管法19条の3）。新規に上陸が許可された外国人は、日本の国内に「住居地（日本における主たる住居の所在地）」を定めた日から14日以内に、住居地の市区町村長に対して、在留カードを提出した上、その住居地を届け出る必要がある（入管法19条の7）。

2 離婚または死別の場合の外国人配偶者の在留資格

　外国人が日本人配偶者と離婚または死別した場合には、配偶者としての身分を失い、「日本人の配偶者等」の在留資格に該当しなくなる。しかし、本人が引き続き日本に在留することを希望する場合には、在留資格変更の許可を得ることにより、新しい在留資格で日本に在留することができる。したがって、日本人配偶者と離婚または死別すると直ちに在留資格が失効するわけではなく、在留資格変更の申請をした場合には、その許可を受けるまでは「日本人の配偶者等」の在留資格のまま在留することができる（山田＝黒木・145頁）。もっとも、平成21年の入管法改正により、日本人配偶者と離婚または死別したときは、14日以内に法務大臣にその旨を届け出なければならないことになったので（入管法19条の16第3号）、外国人配偶者はすみやかに在留資格変更の申請をする必要がある。

　なお、日本人配偶者と離婚または死別した外国人が、夫婦間の未成年の子どもを監護・養育しており、その子どもが日本国籍の場合には、在留資格を変更し、新たに「定住者」の在留資格で在留することができるとされている（入管法別表第2、平8・7・30入管局長通達）。

　平成21年の入管法改正により、「日本人の配偶者等」の在留資格をもって在留する者が、その配偶者の身分を有する者としての活動を、正当な理由なく、継続して6ヶ月以上行わずに在留している場合、法務大臣は在留資格を

取り消すことができる旨の規定が新設された（入管法22条の4第1項7号）。これは、偽装結婚により「日本人の配偶者等」の在留資格を取得して就労活動を行う例が社会的に問題となったことから、それに対処するために、在留資格の取消事由に新たに追加されたものである（山田＝中川ほか・後掲73頁）。配偶者の身分を有する者としての活動を行わない場合とは、離婚や死別した場合のほか、夫婦関係が破綻し、夫婦の実態がもはや存在しない場合も含まれる。具体的には、別居の場合、夫婦間の連絡の有無やその程度、生活費の分担の有無および状況、他の異性との同居の有無、就労活動の有無などの事情を総合的に考慮して判断される。また、離婚の理由が家庭内暴力を原因とする場合などを考慮して、在留資格の取消手続においては、とくに在留資格変更または永住許可の申請の機会を与えるよう配慮すべきものとされている（入管法22条の5）。

◆参考文献
黒木忠正『はじめての入管法』（日本加除出版、2010年）
出入国管理法令研究会編『註解・判例　出入国管理外国人登録実務六法』（日本加除出版、2011年）
山田利行＝中川潤一ほか『新しい入管法』（有斐閣、2010年）

夫　　婦

6 日本人男性ですが、今度、外国人と結婚することになりました。法的にはどのようになりますか。従うべき条件はどのようなものですか

（国際結婚の成立）

各国の婚姻制度

　太古より人間は家族をつくって生活してきた。一組の夫婦を中心とする核家族制や血族・姻族関係にある家族の集合体たる大家族制、一夫一婦制や一夫多妻制などさまざまな形態の家族があるが、いずれも男女とその間に生まれる子との結合関係を中心とする集団が社会的に尊重され保護を受け、時代が下るにしたがって国家により法的な権利義務が当事者に認められるようになった。家族をめぐる法律はその当事者が所属する地域や集団の社会的背景の影響を強く受ける。また、社会の発展に伴って家族のあり方や家族をめぐる法律も変わり続ける。日本は古代以来中国大陸や朝鮮半島の家族制度の影響を、明治期以降は欧米の家族制度の影響を受けてきたが、近年は国際条約や各国の法改正を十分考慮しつつ日本社会に最適な法秩序の構築を目指している。

　一般的に、婚姻とは一対の男女につき夫婦間に同居や扶養などの権利義務など一定の法律効果が認められる結合である。各国では婚姻に際して実質法上、当事者に次のような要件を課している。①相互に婚姻する意思があること、②婚姻適齢に達していることまたは親その他の同意権者の同意があること、③医学的・倫理的見地から定められる婚姻禁止関係に該当しないこと、④一夫一婦制を採用する国では重婚関係に該当しないこと、⑤身体的・精神的疾患に罹患していないこと、などである。このような要件は「民法」、「家族法」または「婚姻法」などの名称の成文法として各国で制定されたり、宗教法や慣習法として成立した不文法に効力が認められている場合もある。

理論的には世界中のすべての国にそれぞれ独自の立場で制定ないし効力を認められた私法があり、国際私法はこのような各国の私法を日本の民法と対等な関係に並べて最も密接な関係がある場所の法を指定する。日本民法で定める婚姻適齢（男性18歳、女性16歳）に満たない幼児婚、一夫多妻婚や同性婚などの婚姻も、国際私法により準拠法と指定された法で有効に成立しうるのであれば、効力を認められる。

　ただし、外国法の内容が日本民法や日本における家族の態様と大きく異なり、準拠法としてその外国法を適用する結果が日本の私法秩序を著しく破壊すると認められる場合には、この外国法の適用を通則法42条で定める公序違反として排除することがある（第22講参照）。たとえば異教徒との婚姻を禁止する外国法が準拠法とされる結果、異なる宗教を信仰する日本人と外国人の婚姻の成立が認められない（日本人とエジプト人との婚姻について東京地判平3・3・29判時1424号84頁）などの場合である。ただし外国準拠法を公序違反として適用排除するのは、内国との関連性の高さおよび外国準拠法の適用結果の異常性が甚大である場合に限られるべきである。外国法の中には、成人女性の婚姻意思にかかわらず婚姻後見人の婚姻同意により婚姻を成立させうるとしたり、婚姻適齢の定めがなかったり、婚姻禁止関係が日本民法よりはるかに広く規定される場合もあるが、日本民法上の基準と異なることのみをもって準拠法として指定された外国法を排除することは認められるべきではない。

２　婚姻の実質的成立要件の準拠法（配分的適用）

　以上のように婚姻の成立要件は国・地域により大きく異なるから各々の国際結婚の成立についていずれの国の法律が準拠法として指定されるかが問題となるが、国際私法では、婚姻の成立要件は当事者の婚姻意思や婚姻適齢などの実質的成立要件（条件）と婚姻挙行の手続である形式的成立要件（方式）に分類されている。

　実質的成立要件とは、婚姻の成立が認められるために充足しなければならない諸要件のうち、婚姻届出や儀式挙行など方式に分類されるもの以外を指

す。具体的には婚姻適齢、重婚の可否、再婚禁止期間の有無と期間、婚姻禁止関係の種類と範囲などがあげられよう。実質的成立要件としてあげられる諸要件は、各国がどのような場合に婚姻の成立を認め夫婦ないしパートナーシップなどの法的関係として法的な保護を与えるかの問題であり、結婚しようとしている場所の秩序に深くかかわりがあると考えられる。婚姻を私人間の契約と把握する立場をとるならば行為地である婚姻挙行地の法律上の要件を充足しなければならないとする立場（婚姻挙行地法主義）が採用され、この立場はアメリカやフィリピンなどの諸国で採用されている。婚姻挙行地法主義を採用すれば婚姻の際に外国人当事者が本国法上の要件を充足するかを調査・判断する必要はなく婚姻を容易に成立させることができる利点がある。これに対して婚姻挙行地法主義のもとでは婚姻挙行の場所により準拠法が左右されることから、結婚しようとする当事者が結婚しさまざまな権利義務の主体・客体となりうるか否かは、その当事者に最も密接な関係を有する場所の法律が包括的に支配すべきとする立場（属人法主義）がある。属人法主義は多くの国で採用されているが、各人に最も密接な関係を有する場所を国籍によって導く本国法主義と、住所（英米法上の概念でドミサイルと呼ばれる）によって導く住所地法主義に分類される。イギリスは住所地法主義をとるが、日本はドイツやフランスなど大陸法系の諸国と同様に本国法主義を採用する。本国は個々の国民に最も密接な関係を有し、当事者自身にとっても本国法の適用を期待し予測可能性にもかなう上、身分・能力に関する事項は挙行地などのような偶発的な要素に基づくのではなく固定的な関係を保ち続ける場所の法律の適用を受けるべきと認められるからである（松岡・後掲176-177頁）。

　通則法24条1項で「婚姻の成立は、各当事者につき、その本国法による」と本国法主義を採用した。通則法24条1項の規定は、婚姻の実質的成立要件について各々の当事者の国籍に基づいて準拠法が指定されるため、国籍を異にする当事者については異なる国が準拠法所属国として指定されることになる。当事者それぞれにつき本国法が適用されるので、このような方法を配分的連結または配分的適用と呼ぶ。

婚姻の実質的成立要件には、婚姻適齢、婚姻意思、同意権者の同意など当事者が自分に適用される準拠法上の要件のみを充足すれば足りる一方的成立要件（一面的要件）と、近親関係、浮気の相手との結婚である相姦婚禁止、異人種間の婚姻禁止など他方当事者との関係が問題とされる双方的要件（双面的要件）とに講学上および実務上区別されてきた。国際私法上、個々の成立要件について一方的成立要件か双方的成立要件かの区別は国際私法の次元で行うべきとの説（溜池・422頁、山田・405頁、横山・後掲59頁）と、準拠実質法たる各当事者の本国法の解釈問題として解決すべきとの説（横山・後掲59頁）があるが前者が通説である。また、一方的要件か双方的要件かの区別にこだわらず各々の国の実質法の趣旨から一方当事者のみにかかわる要件か双方にかかわるかを定めるべきとの立場（久保・後掲518頁）も強い。一方的要件は当事者の一方のみにかかわる要件であるのに対して双方的要件は相手との関係に基づいて婚姻障害となり、結果的に当事者双方に適用されることになる（久保・後掲518頁）。たとえばかつて不倫関係にあった日本人男性と外国人女性が日本で婚姻する場合でこの外国人女性の本国法が相姦婚を禁止している場合には、たとえ日本民法に相姦婚を禁止する規定がなくても相手方が婚姻を成立させ得ぬため結果として日本人当事者について日本民法と相手方の本国法の双方が累積的に適用される結果となる。これに対して外国人女性の本国法で婚姻適齢を男性21歳、女性18歳と規定し、この外国人女性が17歳、日本人男性が18歳であると仮定する。婚姻適齢を各国がその国民について何歳をもって婚姻するに十分な能力を有すると認めるかの規定であると解するならば、本国法上の要件は配分的適用され、本国法上の要件のみ充足をすればよい。したがって女性が日本民法731条で定める女性の婚姻適齢たる16歳に達していても本国法の婚姻適齢を充足できず有効に婚姻を成立させることができない。これに対して他方当事者である日本人男性は、本国法である日本民法上の男性の婚姻適齢たる18歳に達していれば、相手方の本国法上の婚姻適齢たる21歳に達していなくても国際私法上の婚姻の実質的成立要件を充足していることになる。

本国法主義は住所地法主義に比較すると固定性・明白性に優れるが、現状では複数の国籍を有する重国籍者や国籍を全く有しない無国籍者の発生を完全に防止することができず、通則法24条1項の適用上も重国籍者・無国籍者の本国法指定について問題が生ずる。通則法38条1項では重国籍者につき国籍を有する国のうち当事者が常居所を有する国の法を本国法として、常居所を有する国がないときはその当事者に最も密接な関係がある国の法を本国法としている。また当事者が無国籍である場合には、通則法38条2項により常居所地法を適用する。

2 実質的要件を欠く場合

当事者の本国法上の実質的成立要件は、結婚の際に充足されていなければならない。日本で婚姻する場合、外国人である相手方がその本国法上の実質的成立要件を充足しているかは一般的に婚姻要件具備証明書と呼ばれる書面を提出することにより確認される。

実質的成立要件を充足しない場合にその婚姻が無効か取消しか、取消権の行使・存続期間、取消しの遡求効、婚姻無効は判決によってのみ認められうるかなどの実質的成立要件の欠缺にかかわる問題は、その実質的成立要件の準拠法である当事者の本国法による。たとえば婚姻適齢に達しない場合には、適齢に達しない当事者の本国法の扱いに準ずる。これに対して婚姻禁止関係、相姦婚、重婚などのいわゆる双方的成立要件では、当事者双方の本国法が累積的に適用されるから、当事者の本国がそれぞれ異なりいずれによっても要件を充足することができなくても一方の本国法では取消し他方で無効と規定する場合、この婚姻は取消しか無効かが問題となる場合がある。たとえば日本人男性と外国人女性が相姦関係に該当する場合には、日本民法上は無効とされなくても相手方たる外国人女性の本国法が相姦婚を禁止しているのであれば、この婚姻は有効に成立し得ない。結果として、「より厳格な効果を求める法」（實方・後掲275頁）を適用することになるということもできる。

◆参考文献
久保岩太郎「婚姻の成立」国際法学会編『国際私法講座 II』514 頁（有斐閣、1955 年）
實方正雄『国際私法概論〔再訂版〕』（有斐閣、1952 年）
松岡博『現代国際私法講義』（法律文化社、2008 年）
横山潤『国際家族法の研究』（有斐閣、1997 年）

7

> 日本に住むギリシャ人の男性ですが、やはり日本に住むギリシャ人女性と結婚するつもりです。日本でギリシャ式の結婚をした場合でも法律上は有効となるのでしょうか。また、どのような形で結婚すれば有効となるのでしょうか

（国際結婚の方式）

2 各国実質法の方式

　日本人と外国人が国内外で婚姻する場合、外国人同士が日本で婚姻する場合、そして日本人同士が外国で婚姻する場合など、渉外的な要素がある婚姻を有効に成立させるためには前講で述べた要件を充足した上で国際私法により指定された準拠法が定める方式（方法）を満たさねばならない。婚姻の方式は形式的成立要件とも呼ばれるが婚姻を有効に成立させるために要求される外面的行為、または婚姻の外部的形式としての意思表示の表現方法と定義される。婚姻適齢、重婚の可否など各々の結合関係を婚姻として認め保護の対象としうるための要件を各国の実質法が定めるが、これらの要件を充足した結合関係に国家が承認を与えるための手続が方式である。

　日本民法では婚姻の方式につき届出婚主義を採用し、婚姻意思が相互にある男女が婚姻届書を区役所などに提出し受理されれば婚姻を成立させることができる（民法739条以下）。婚姻の方式は国により異なり、一定の宗教上の儀式挙行が要求される宗教婚主義、立会人の面前で乾杯などの儀式をする儀式婚主義、行政機関などへの届出を経なくても夫婦となる意思を相互にもって同居し夫婦としての世評を得ることにより婚姻の成立を認めるコモン・ロー・マリッジを代表とする事実婚主義などがある。近年は何らかの方式で国家に婚姻を登録する制度がとられることが通常であり、たとえば中華民国（台湾）はかつて証人の面前での公開の儀式により婚姻の成立を認めてきたが、2008年に民法982条を改正し、書面作成と婚姻登記が義務づけられた（鄧・

後掲652号15頁)。欧米諸国はキリスト教の影響が強く、かつて婚姻は教会法の適用を受け、キリスト教の教義に沿った儀式を挙行することが要件とされていたが近世に婚姻・離婚などが宗教から分離され、現在は宗教婚と国家法による民事婚のいずれかの選択を認める国や、宗教的な儀式に効力を認めず民事婚のみ認める国がある。当事者の権利義務の保護と公証の観点からも何らかの形で婚姻を公的機関に登録することが望ましいが、当事者間で書面や公正証書を作成するもの、行政機関へ届出・受理を必要とするもの、婚姻挙行官や立会人の面前で儀式を挙行するものなどさまざまな方法がある。

❷ 方式の準拠法（選択的連結）

　婚姻の方式については広く婚姻挙行地法主義が採用されている。ヨーロッパにおいてもっぱら教会が秘跡を授け婚姻の成立を宣言することができた時代を経て国家が婚姻の成立を認め保護を与えるようになり、婚姻挙行地の方式によって婚姻成立が認められれば他の場所でもその効力を認めるようになった。ただし婚姻挙行地法による方式を厳格に要求すると、とくに特定の宗教儀式を方式として要求する国において、その宗教を信仰しない外国人が結婚する場合には困難が生じる。当事者の国籍を問わず常に婚姻挙行地法を適用しようとする絶対的挙行地法主義を採用する国もあるが、婚姻の実質的成立要件を充足し婚姻の実は備えている当事者についてはできる限り容易に婚姻の成立を認めるべきであるという当事者の利益を配慮し、広く国際的に認められてきた領事婚（後述）に対応するためにも本国法上の方式も認められている。日本の国際私法では、改正前の法例13条1項ただし書で絶対的挙行地法主義をとっていたが、改正後の法例13条2項と通則法24条2項は婚姻挙行地法主義をとり、改正後の法例13条3項と通則法24条3項は当事者の一方の本国法主義を採用して、当事者双方は合意でいずれかによるかを選択することができる選択的連結を採用し、当事者の便宜を図るとともに、婚姻の成立を容易にしている。

　婚姻の方式として法性決定されるのは婚姻届出・儀式挙行などの要否やそ

の手続であるが、届出意思については日本では実質的成立要件とするか方式とするかについて判例が分かれているものの方式とする立場を採用するものが多い（名古屋高判平成4・1・29家月48巻10号151頁など）。

❷ 婚姻挙行地法による方式

　日本人と外国人の男女および外国人男女が日本で婚姻しようとする場合には、通則24条2項により婚姻挙行地法である日本法の方式で婚姻することができる。すなわち戸籍役場で婚姻届書と、24条1項に基づき各当事者がその本国法上の婚姻の実質的成立要件を充足していることを証明する文書を添えて提出することになる。これらの書面は婚姻要件具備証明書（戸籍法施行規則63条）と呼ばれるが、日本の戸籍にあたるような当事者の身分関係・家族関係を包括的に公証する戸籍謄本・抄本のような制度を有する国はむしろ少なく、出生登録と婚姻・離婚などの情報がリンクされていなかったり、離婚歴の証明をする離婚判決書があっても、その後に再婚したか、日本での婚姻の際に独身であるかを網羅的に公的文書で証明することは難しい場合がある。宣言書、独身証明書、離婚証明書などの証明書類とその翻訳文書を個々の事例に合わせて提出する。ただし近年は主としてテロ対策のような国防目的から国民の身分登録事項が電子化され飛躍的に情報量が豊富になっている事例もあるので、各々の当事者の本国法につきどこまでの公的文書の交付を得られるかを把握しつつ柔軟な対応をせざるを得ないであろう。

　日本人男女または日本人と外国人の男女が外国で結婚しようとする場合には、婚姻挙行地法たる外国法の方式で婚姻することができるが、日本人についてはその結婚が外国法上有効に成立したことを証明する公的書面（婚姻証書）を日本の戸籍役場またはその外国にある日本の大使館・領事館に提出する義務がある（戸籍法40条および41条）。日本国内で日本人と外国人が結婚する場合には、前述のように日本法上の方式である戸籍役場への婚姻届出と受理により結婚が成立するが、届出によってはじめて結婚が成立し夫婦としての身分が創設されることから、このような届出を創設的届出という。これに

対して外国において外国法により日本人が結婚する場合、たとえばフィリピンでフィリピン法により結婚する場合には、その結婚が有効に成立したことを証明する公的文書がフィリピン当局から交付される。このような証明書のことを婚姻証書といい、後日、日本の本籍地を管轄する戸籍役場に提出することにより日本人当事者の戸籍に婚姻による身分変動が記される。これを報告的届出と呼ぶが、国際私法上の結婚はすでにフィリピンにおいて成立しているから戸籍簿上、この結婚はフィリピンにおける挙行日を基準として成立したものとされる。日本人配偶者が戸籍役場への届出を懈怠し、戸籍に結婚の事実が記されていない間に第三者たる日本人との婚姻届出をする場合には、後婚は重婚とされる。

2 当事者の一方の本国法による方式

日本で外国人男女が結婚しようとする場合に、その外国人当事者の一方の本国法上の方式による結婚は有効と認めうる。したがって、日本に在留する韓国人男性とスリランカ人女性が結婚しようとする場合には、韓国法またはスリランカ法のいずれの方式によっても国際私法上有効に結婚を成立させうるのである。

国内に在留する外国人が、在留国に設置された本国の大使館・領事館（在外公館）で本国法の方式で行う婚姻を外交婚または領事婚と呼び、多くの国で採用されてきた。日本民法741条で「外国に在る日本人間で婚姻をしようとするときは、その国に駐在する日本の大使、公使又は領事にその届出をすることができる」と規定し婚姻当事者双方が日本人同士である場合に限り在留国にある日本大使館・領事館で手続することができる。ただし一方当事者のみが国民である場合でも在外公館における領事婚を認める法制をとる国もある。

日本では実務上、従前より外国に居住する日本人が国内の本籍地に直接郵送で婚姻届書を提出する方式を認めてきた。改正前の日本の国際私法は婚姻の方式につき絶対的婚姻挙行地法主義を採用していたため、郵送で婚姻届書

を送達された戸籍役場の所在地を婚姻挙行地と解釈して手続することには批判があったが（山田・411頁）、通則法24条3項で当事者の本国法主義の選択的適用を認めたため外国において当事者の少なくとも一方の本国法である日本法による方式として無理なく認めることができるようになった。

日本人条項

　通則法24条3項ただし書は、日本で婚姻が挙行され当事者の一方が日本人である場合には日本法を準拠法として指定することを認める日本人条項を設けている。したがって日本国内で日本人が婚姻する場合には、必ず日本民法上の婚姻届出が求められる。たとえば外国人男性と日本人女性とが日本で婚姻しようとする場合には、この外国人の本国法上有効な方式で挙行しても準拠法たる日本民法上の婚姻届出と受理がなされない限り婚姻が有効に成立したとは認められない。24条3項ただし書は日本国籍を基準とする特別な規定であり外国人たる相手方にとっては他方当事者が日本人であるか否かに基づき差別的取扱いを受け、未知の日本法によらねばならないことは不利であると批判されている（鳥居・後掲309頁、佐藤・後掲127頁）。しかし日本法上の婚姻の方式は婚姻届出のみと比較的簡易であること、日本人にはいずれにしても戸籍登録事項の届出が義務づけられることから（戸籍法44条）、過度の負担とはならないし、日本人の身分関係を正しく登録し公証すべきである（南・後掲58頁）とされる。

形式的成立要件の欠缺

　方式の準拠法で定められる方式を具備しない場合に、その婚姻が無効とされるか否かについては方式の準拠法による。通則法では方式の準拠法について選択的適用が採用され、できる限り婚姻を成立させようとする趣旨であるから通則法24条2項および3項で定められる婚姻挙行地法、一方当事者の本国法のいずれかの法において方式を具備すると認められる場合には、国際私法上有効な方式として婚姻の成立を認め、いずれにおいても方式を欠く場

合においてのみ婚姻が無効とされる（溜池・435頁）。

　設問のギリシャ人男女が日本で婚姻する場合の方式は、通則法24条2項により婚姻挙行地法たる日本民法によるか、24条3項により当事者の本国法たるギリシャ法によるかを当事者の合意で選択することができる。なお、ギリシャ民法は1982年の改正以降1250条が宗教婚と民事婚の双方を規定し、ギリシャ内外でギリシャ人の男女またはギリシャ人と外国人の男女が婚姻する場合に民事婚と宗教婚のいずれかの方式の選択を当事者に認めている。民事婚の場合、婚姻しようとする当事者は、まず出生証明書、婚姻障碍不存在の証明書、新聞に掲載された婚姻予告広告などの書面を、婚姻登録を管轄する役所に提出し婚姻許可証の交付を受けた後に、指定された期日に2人の証人の立会のもと役所で婚姻挙行する。宗教婚の場合には原則として当事者双方が所属する宗教で定められる方式により、たとえばこのギリシャ人男女がいずれもギリシャ正教会キリスト教の信者である場合には、ギリシャ正教会法の方式で挙行する。

◆参考文献
佐藤やよひ「国際結婚」国際法学会編『日本と国際法の100年第5巻　個人と家族』（三省堂、2001年）
鳥居淳子「内外人の婚姻と離婚─いわゆる日本人条項について─」川井健ほか編『講座・現代家族法第2巻』（日本評論社、1991年）
南敏文『改正法例の解説』（法曹会、1992年）
鄧學仁「台湾親族法の改正（上）（下）」戸籍時報652号13頁・653号2頁（2010年）

8

> 日本に住む外国人男性と結婚を約束していました。ところが、結婚式の直前、彼があの約束はなかったことにしてほしいといってきました。とても許せません。責任を追及したいと思っていますが、できますか

（婚約破棄と損害賠償）

1 婚　　約

　将来の結婚を約束するということは、国籍、民族、習俗のいかんを問わず、世界中において行われていることであり、それ自体は個人の心情の発露であり、当初段階では道義的意味しかもたないであろう。しかし、その約束をもとに、共同生活を開始したり、情交関係をもったり、贈与や共有物の購入など財産のやりとりが行われると、約束通りにならなかった場合、精神的、肉体的あるいは財産的な種々の損害が発生する可能性がある。そこで、法律学においては、この結婚の予約を「婚約」とし、法的責任を生じる関係とみてきた。

　日本民法上、婚約に関する明文の規定を欠くが、判例および学説上、それに関する法理が展開されてきた。諸外国においても、明文において（たとえば、韓国民法800条以下）、あるいは判例法等において、日本法と同じように、婚約が法的に規律されている可能性はある。そうすると、設問のように、国籍が違う者の間で婚約が行われた場合、それに適用される法を国際私法によって決定する必要が生じる。ここではこの問題を取り上げてみたい。

2 国際私法上の位置づけ

　婚約に関する明文の国際私法規定は日本において存在しない。その状況は同じく婚姻に類似する「内縁」に関しても同じである。国際私法上、両者は社会的実態を異にしており、一体として捉える必要性を欠くので、ここでは

婚約の問題のみ念頭に置くことにする（内縁に関する国際私法上の問題については、山田・442頁等参照）。

　婚約の性質について、その本質が当事者間の合意であることには異論がない。債権契約の一種とみるのならば、通則法7条以下を類推適用することが考えうる。しかし、通則法7条はともかく8条は推定則とはいえ「給付」の概念を用いるなど、財産法的要素が法例よりも強くなっている。また、婚姻自体が客観主義であるのに、婚約が主観主義というのは説明がつきにくい。したがって、婚約は、身分法上の契約であるとみるのが妥当である。

　では、身分法上の契約とみた場合、具体的にはどのような考え方があるのだろうか。まず、基本的に婚姻に関する規定を類推適用するという考え方がありえよう。婚姻と婚約の共通性を重視するのである。しかしながら、婚約は婚姻の前段階であるので、場合によっては、婚姻の規定には依拠できないとし、親族関係の規定によるとの考え方もある（山田・439頁、溜池・480頁）。

　このように、婚約自体の準拠法を想定する立場とは異なり、婚約が法的に問題となるのは、設問にあるような不当破棄あるいは相続といったより具体的な局面においてであり、不法行為準拠法あるいは相続準拠法によれば足りるという考え方もある。したがって、婚約（あるいはこの立場に立てば内縁も同じであろうか）に固有の国際私法上のルールは必要ないことになる（澤木＝道垣内・118頁）。

　婚姻を強制することは世界的に認められない傾向にあるといって過言ではないであろうし、仮にそれを認める外国法があらわれても国際私法上の公序（通則法42条）に抵触する。それを前提にしたとき、婚約とは、最も本質的な効力（義務）と思われる婚姻の実現については強制力をもちえないにもかかわらず、その違反について法的責任を生じうる独特の概念である。たしかに、婚約自体が直接問題となることは少ないであろうが、固有の性質を有しており、婚約自体の準拠法を観念することは決して不必要なことではない。ここでも、伝統的な考え方に則り、婚約の成立および効力の準拠法を確認した上で、個別問題について説明する。

2 婚約の成立

　実質的成立要件については、通則法24条1項を類推適用し、各当事者の本国法による考え方が最も有力である（山田・439頁、溜池・480頁、櫻田・275頁など）。実質的成立要件の対象となるのは、婚約意思のような婚約の有効性に関する事項、それと並んで婚約適齢など婚約障碍に関する事項である。通則法24条1項は配分的連結を採用しているので、各当事者がそれぞれの本国法上これらの要件を具備しているかが判断される。通則法24条1項の配分的連結（第6講参照）については、双方的婚姻障碍について、解釈論上困難な問題が指摘されているが、婚約においても同種の問題に取り組まざるをえない。通則法24条1項は反致（通則法41条）の対象となるので、婚約についても反致する可能性がある。したがって、設問でも相手方外国人男性の本国法上、婚約（の実質的成立要件）は住所地法によるあるいは挙行地法による等の規定あるいは指導的な判例があった場合、日本法によることになる。

　次に、形式的成立要件については、大きく、三つの考え方がある（山田・439頁、溜池・480頁）。第一に、この点についても婚姻の規定を類推適用するという立場であり、通則法24条2項および同3項本文の選択的連結（第7講参照）により、婚約挙行地法および各当事者の本国法のいずれかにおいて婚約の方式を充足すればよいことになる。ただし、24条3項ただし書のいわゆる「日本人条項」は、戸籍実務の要請に基づくものであるから、婚約には類推適用しないとされる。

　第二に、法律行為の方式によるべきとの立場で、通則法10条により成立の準拠法（1項）および行為地の準拠法（2項）の選択的連結などによって規律されることになる。平成元年改正前法例では、婚姻の形式的成立要件において挙行地法しかなかったため、方式保護の観点から、法律行為一般の規定の範疇に含ませるいわば政策的な解釈として一時唱えられていた。第三に、身分関係の方式の準拠法に拠るべきとの立場で、通則法34条により成立の準拠法（1項）および行為地の準拠法（2項）の選択的連結となる。

　平成元年改正前までは34条に対応する規定がなく、また通則法制定まで

は先の法律行為一般の方式準拠法が成立ではなく効力に拠っていたので相違点もあったが、通則法上は第二と第三の考え方の相違は少なくなっており、婚約については、親族関係の方式によることが体系的にはより妥当であろう。

したがって、婚姻の方式を類推適用すべきか、身分関係の方式を類推適用すべきかが争点となる。婚姻の方式には婚姻保護の要請が色濃く出ていることから、婚約にはその配慮は必要ないので、身分関係の方式の規定で十分との見解もあるが、他方、行為地法によるのならばまだしも、成立の準拠法に拠らしめると、配分的連結を行う必要があり、方式の履践には困難を伴う。たしかに、婚約に婚姻ほどの配慮は必要ないかもしれないが、法適用の明確さからは、ここでも婚姻の規定を類推適用するのがよいであろう。

いずれにせよ、行為地法に則った婚約の「方式」が認められる可能性は高いのであり、設問の当事者も日本で婚約したのであれば、日本法上は無方式主義と解されるので、方式要件は充足される。

2 婚約の効力

婚約の効力についても、考え方は大きく二つに分かれる。第一に、この点についても婚姻の規定を類推適用するという立場であり、通則法25条以下の段階的連結（第12講参照）により、同一本国法があればそれにより、それがない場合は同一常居所地法、それもない場合は最密接関係地法による。これに対して、親族関係の準拠法（通則法33条）により、当事者の本国法に従うという考え方がある。婚約の場合、当事者が複数存在するので、当事者の本国法が異なる場合、いずれの本国法をいかに適用するかを確定しなければならない。累積的連結説をとる判例（東京地判平21・6・29判タ1328号229頁）がある。

婚姻の効力の規定を類推適用することに対しては、まだ結婚もしていない2人の間に、同一本国がある場合はともかく、同一常居所あるいは最密接関係地による場合、それがない可能性が高く、適用が困難になることが指摘される（溜池・481頁）。現在のところ、学説上、親族関係の問題として当事者

の本国法の累積的連結による立場が有力である（山田・440 頁、溜池・481 頁）。

ただ、婚姻の効力の規定によったとしても、婚約の実態がある程度存在した後に紛争化した場合には、同一常居所が確定できる可能性はあるし、最密接関係地の判断時点は限定されていないので、最密接関係地の認定も不可能ではないであろう。この点を見越して、最密接関係地の判断が難しい場合には、当事者の本国法を累積的連結するとの立場もみられる（木棚＝松岡＝渡辺・213 頁〔木棚〕）。したがって、婚約の効力の準拠法については、なお、議論の余地が残されているのではなかろうか。

本問においても、親族関係の準拠法によるのであれば、日本法と相手方外国人の本国法が累積的に適用される。これに対して、婚姻の効力の規定を類推適用するのであれば、たとえば当事者の常居所が日本に認定されれば、同一常居所地法として日本法が適用されるであろう。同一常居所がない場合も、婚約までの生活の本拠地、婚約の挙行地、将来の共同生活予定地などを斟酌して最密接関係地が確定される。それらが日本ならば、最密接関係地は日本となる可能性が高いであろう。

2 婚約の不当破棄

このように準拠法が確定された「婚約の効力」に含まれる問題として、一つには婚姻の強制ができるかということがあげられる。しかし、既述の通り、仮に準拠法上このような規定が存在したとしても、婚約の本質上、公序判断の対象となる可能性が高く、効力として論じる意味は結果的にあまりない。そこで、理論的にも実際的にも重要なのは婚約の不当破棄である。設問はまさにその事案であり、婚約を一方的に破棄した当事者に対する相手方からの損害賠償請求の可否およびその範囲が問題となる。

これまでの説明に従えば、通則法 25 条の類推適用によるので、それによって定まる準拠法による。これに対して先に述べた通り、「婚約の不当破棄」に固有の準拠法を観念するという有力説もある（澤木＝道垣内・118 頁）。この説によれば、不当破棄は不法行為と法性決定され、通則法 17 条以下の規定

によって準拠法が定まる。したがって、まずは結果発生地法により、破棄した当事者が結果発生地を予見できなければ加害行為地法による（17条）。

　通則法制定において、従前は現行法の17条および22条に相当する部分しかなかったところ、より密接な関連を有する法を適用する20条あるいは当事者による準拠法の事後的変更を認める21条の規定が新設された。準拠法の変更などは、婚約においても、紛争解決のために機能的に運用できる可能性もあり、不法行為準拠法によらしめることにも利点はある。

　ただ、婚約破棄に伴う暴力等が不法行為とされることは首肯されるとしても、婚約破棄を原因とする損害賠償が主たる争点であることに鑑みれば、やはり婚約の解消過程の問題とみるべきであろう。実質法上も、不当破棄の賠償請求は身分契約違反なのか不法行為なのかなお判然としない部分もあるように、不法行為としてしまうには比較法的にもまだ躊躇がある。

　なお、婚約の過程でいわゆる結納等金品の授受・贈与があった場合、それは婚約と別問題としていいので（婚約の直接的要件とは言い難いので）、不当利得準拠法（通則法14条～16条）によって判断すればよい。

◆参考文献
二宮周平『家族法〔第3版〕』（新世社、2009年）
金疇洙＝金相容『注釈大韓民国親族法』（日本加除出版、2007年）

9　国際結婚した夫婦ですが、お互いの財産について、どのようなことが問題になりますか

（夫婦財産制）

🇿 婚姻の効力

　法的な婚姻が成立した後、婚姻当事者間にいかなる法的効果が生じるのか。これを婚姻の効力という。婚姻の効力には、身分的効力と財産的効力がある。異国籍間の夫婦、日本における外国籍間の夫婦あるいは在外日本人間の夫婦のように、渉外性のある夫婦については、その効力に適用される法を決定する必要がある。ここでは、とりわけ夫婦財産制すなわち財産的効力について、準拠法の決定基準を確認しながら、設問に答えたい。

🇿 国際私法上の位置づけ

　婚姻の効力は、日本民法の例（750条以下）からもわかる通り、非常に広範な分野を対象にしている。さらに、離婚も、婚姻の解消であるから、広義には効力の問題に含まれる。

　通則法は、婚姻の身分的効力（25条）、財産的効力（26条）および離婚（27条）について、基本的に同じ抵触規則を採用している。いずれの単位法律関係も、夫婦の本国法が同一であるときはその法により、その法がない場合において夫婦の常居所地法が同一であるときはその法により、そのいずれの法もないときは夫婦に最も密接な関係がある地の法による。同一本国、同一常居所、最密接関係地を組み合わせた段階的連結（第12講参照）という連結政策を採用している。これらの分野は、平成元年の法例改正以前までは、いずれも夫の本国法主義によっていたが、国際私法上の男女平等への配慮などから、両当事者の同一性あるいは最密接性に着目した規則へ大きく転換したものである。なお、現行法上削除されている民法（旧）757条は、夫の本国法

主義を前提とした規定であった。

　夫婦財産制については、このように段階的連結が原則として採用されている（通則法26条1項）。この段階的連結の各連結点は、その確定基準時が定められていない。したがって、最密接関係地はもとより、同一本国と同一常居所も変動する可能性がある。たとえば、在日Ａ国人と日本人の夫婦間の財産法上の諸問題が、同一常居所たる日本法に拠るとされていたとしても、その後日本人がＡ国籍を取得し、日本国籍を離脱した場合、準拠法は同一本国法たるＡ国法へと変更される。

　このように、財産関係の準拠法が連結点の変更に伴って従前とは変わるのである。この変更が遡及するかは議論がある。日本法では別産制であるが、Ａ国法では共有制であるとした場合、連結点の変更時点から共有制となる非遡及説が有力（山田・432頁、溜池・449-500頁）であるが、現実的な処理には困難を伴うとの批判もある（澤木＝道垣内・114頁）。変更主義の本旨からしても、また、後述のように、準拠法選択の場合には遡及しないことに鑑みても、非遡及説をもって妥当としてよいであろう。ただし、立法が不明瞭な点については批判もある（松岡・後掲193-194頁）。

２ 他の準拠法との相違

　25条ないし27条は、反致（通則法41条）の適用がない。このような共通性の反面、相違点も存在する。婚姻の財産的効力と離婚は、離婚の準拠法において日本人条項が採用されているため、準拠法が相違する可能性はある。たとえば、日本人とＢ国人の夫婦関係が破綻し、それぞれ自国に常居所を有している状況下において、Ｂ国にある財産の帰属が争われたような場合、婚姻の財産的効力の準拠法はＢ国と日本のいずれがこの夫婦にとって最密接関係地かが問題となるが、離婚し財産分与の問題となれば日本法が準拠法となる（通則法27条ただし書）。

　他方、身分的効力と財産的効力には、扶助義務と婚姻費用分担のように、実質法上も性質が近接するとされる問題があり、法性決定が難しい場合もあ

るものの、いずれも日本人条項が存在しないので、その限りでは準拠法に相違の生じることはない。

　最も大きな相違点は、財産的効力においては、実質法上夫婦財産契約という契約処理が許されており、かつ国際私法もそれに対応した抵触規則を有している点である（澤木＝道垣内・112頁）。

2 当事者自治の原則

　通則法では、上記のような段階的連結による準拠法の確定に続き、財産的効力に関してだけ、夫婦は、①夫婦の一方が国籍を有する国の法、②夫婦の一方の常居所地法、③不動産に関する夫婦財産制については、その不動産の所在地法の中から、夫婦財産制の準拠法を選択できるとしている（通則法26条2項）。当事者による準拠法選択を認めるもので、国際私法上の当事者自治の原則あるいは主観主義といわれる。同じく当事者自治を認める規則である契約に関する通則法7条または9条、契約外債権に関する通則法16条、21条とは異なり、通則法26条では選択できる準拠法が限定されている点に特徴がある。

　なお、留意すべきは、ここに定められる当事者の合意は夫婦財産制の準拠法の選択に対してのものであり、「準拠法に基づいて夫婦財産契約を締結する」実質法上の問題とは別次元である。たとえば、日本人とC国人がC国法を選択することが26条の範疇に入り、その後、当事者が夫婦財産契約をいかなる内容で締結するかは別の法問題となる。

　次に、夫婦財産制の準拠法選択の詳細についてみる。

　第一に、方式が法定されている。すなわち、夫婦財産制の準拠法選択は、その署名した書面で日付を記載したものにより行う、とされている。準拠法選択の方式を明確に定めているのは、通則法上、夫婦財産制のみである。法的安定性、予見可能性において特長的である反面、このような規定が存在しない他の規定との整合性が問題となる。いずれにせよ、明確な合意のみ認められるので、黙示の意思などのような判断基準は介入する余地がない（松

岡・後掲196頁は批判的である）。

　第二に、合意の有効性が問題となる。夫婦間であっても強者が弱者に対して契約を強いるようなことがあってはならないからである。では、この合意の有効性の基準はどこに求めるべきか。先の例で、日本人とＣ国人がＣ国法に合意する場合、そこにおいて詐欺、錯誤等がなかったかを、Ｃ国実質法に基づいて判断するという考え方がある。これとは別に、詐欺、錯誤等の問題を日本の国際私法によって判断するという考え方もある。夫婦財産制については前者が有力である（山田・433頁等）。理由は、26条が、夫婦財産制の準拠法に関するハーグ条約（1978年）を範としており、同条約が前者に立っていることに鑑み、国際的な法の調和にも期待して日本も政策的に前者に立つというものである。しかし、準拠法合意を認めているのは日本の国際私法規定であり、その解釈は日本の国際私法の平面で行われるべきでないかとも考えうる。合意における意思形成、あるいは表示の任意性につき問題がないかは、問題となっている国の国際私法独自に判断すべきであるという後者の考え方も理論的には十分ありうる（溜池・451頁）。

　第三に、夫婦財産契約の締結能力は、身分行為の能力の問題として26条による説（山田・434頁、櫻田・263頁等）と、財産行為の能力の問題として通則法4条による説（澤木＝道垣内・112頁）がある。前者が有力である。しかし、26条2項は財産法的規定とみて差し支えないし、締結能力は各人において判断されるべきであろう。

　第四に、準拠法選択の対象は、既述の通り、法定されている。夫婦の一方の国籍国（1号）は文字通り国籍が基準であるので、日韓二重国籍者と日米二重国籍者の夫婦財産制については、日本、韓国、米国（いずれかの州法となる）が対象となる。夫婦の一方の常居所地法（2号）も対象となる。1号の国籍も、2号の常居所も、準拠法選択時のそれが基準となるが、通説は準拠法の変更を認めるとしているので、連結点の変更に対応して準拠法を変えることは可能ではある。

　不動産に関しては所在地法が指定されうる（3号）。これは分割指定を認め

たものにほかならないが、解釈論として、1号あるいは2号の場合にも分割指定が可能かが問題となる。財産契約の準拠法においては、分割指定を肯定するのが通説であり、26条でもこの立場を支持する者が多い。先のハーグ条約は分割指定を否定しているが、それに該当する箇所が日本では採用されていないことも根拠となっている。これに対して、ハーグ条約の趣旨と3号の解釈に鑑み、分割指定を否定する説も有力である（南・後掲77頁）。いずれにせよ、日本が批准していない条約解釈を根拠にすることは限界があろう。当事者自治を認めた趣旨からは肯定する方が自然であり、効果的と解すべきである（山田・436頁、松岡・後掲196頁）。

　第五に、準拠法の指定は、将来に向かってのみその効力を生じることになっている。法例時代には明文化されていなかったが、準拠法選択の効力は将来効のみ有するという立法者意思と通説を明文化したものである（小出・後掲310頁）。

🈁 取引保護主義

　夫婦財産制の準拠法が外国法となっても、日本においてされた法律行為および日本にある財産については、善意の第三者に対抗することができず、その第三者との間の関係については、夫婦財産制は、日本法による（通則法26条3項）。ただし、当該外国法に基づいてされた夫婦財産契約は、日本においてこれを登記したときは、第三者に対抗することができる（同4項）。夫婦財産契約と法定夫婦財産制で規律を異にする点に注意すべきである。

　日本においてされた法律行為および日本にある財産は、本条の解釈として実質的に確定すればよく、別途準拠法を観念する必要はない。また、善意であるためには外国法に基づいて夫婦財産制が行われているかを知っているかが問題となり、外国法自体の知識は問題とならない（木棚＝松岡・後掲100頁、澤木＝道垣内・116頁）。他方、外国法に基づく法定夫婦財産制は、登記になじまないので、そもそもその対象から外れている。

　ところで、日本における渉外的な夫婦の夫婦財産契約については、日本法

に基づいて夫婦財産契約を締結することも十分に考えうる。しかし、日本民法上、夫婦財産契約は婚姻届出前に締結し、届出をし、その後は変更不可というたいへん硬直的な運用が予定されている（二宮・後掲60頁以下）。したがって、準拠法選択の時点自体は比較的柔軟であることをみたが、日本法に基づく夫婦財産契約を締結したいのならば、婚姻届出までにすべきこととなる。

◆参考文献
木棚照一＝松岡博編『基本法コンメンタール国際私法』（日本評論社、1994年）
小出邦夫編著『逐条解説　法の適用に関する通則法』（商事法務、2009年）
二宮周平『家族法〔第3版〕』（新世社、2009年）
松岡博『現代国際私法講義』（法律文化社、2008年）
丸岡松雄『国際私法における夫婦財産制』（木鐸社、1997年）
南敏文『改正法例の解説』（法曹会、1992年）
横山潤『国際家族法の研究』（有斐閣、1997年）

10 在日韓国・朝鮮人夫婦です。連れ添って30年になりますが、今度離婚することになりました。どのような手続を踏めばいいのでしょうか

（協議離婚）

ここでも、本書の他の設問と同じく、まず最初にこの在日韓国・朝鮮人夫婦の離婚を規律する準拠法を決定しなければならない。

2 離婚の準拠法

離婚の準拠法は、法の適用に関する通則法27条により決定される。27条本文は25条を準用するとし、そこでは、夫婦の本国法が同一であればその法に、それがなければ夫婦の常居所地法が同一であればその法に、そのいずれの法もない場合は夫婦に最も密接な関係を有する地の法によるとされ、複数の法を対象に、それらに優先順位をつけた上で準拠法を指定している（こうした準拠法の指定方法を段階的連結という）。そこで、第1順位の準拠法たる夫婦の同一本国法であるが、これは夫の本国法と妻の本国法をそれぞれ特定し、それらが同一であることを意味する。在日韓国・朝鮮人については、大韓民国（以下、韓国）と朝鮮民主主義人民共和国（以下、北朝鮮）のいずれもが、その成立以来、彼らを自国国民と位置づけている（在日韓国・朝鮮人を自国国民とするか否かはそれぞれの国籍法によって決定されるが、結論からいえば、戦前から日本に住んでいる在日韓国・朝鮮人およびそうした夫婦の子どもたちについては、韓国も北朝鮮もいずれも自国国民としている。詳しくは、木棚〔監修〕・後掲42頁以下参照）。そして、韓国も北朝鮮も、当然ながらそれぞれ独自の法秩序を形成している。こうした状況下で、彼らの本国法として韓国法を適用するのか、北朝鮮法を適用するのか、さらにはそれらのいずれでもない法を適用するのかが問題となる。戦後の日本の国際私法において長く見解が対立している問題で、講学上、分

裂国家の国民の本国法決定といわれるものである。その決定方法については他所に譲り（百選・8頁〔青木〕）、本件についていえば、①この夫婦の本国法がいずれも韓国法であれば韓国法が、②それらがともに北朝鮮法であれば北朝鮮法が、夫婦の同一本国法となり、③さらに一方の本国法が韓国法、他方のそれが北朝鮮法というように、本国法の認定が相互に異なれば、夫婦の同一本国法はないことになり、その場合は前記条文に定める次順位の準拠法である夫婦の同一常居所地法が離婚の準拠法となる（常居所については、第12講参照）。在日韓国・朝鮮人の常居所地は、ほとんどの場合、日本にあるので、その場合の準拠法は日本法となる。準拠法が日本法となれば、その後は国内事案と同様の処理をすればよいので、以下の検討では、前記①と②の場合について検討することとする。

2 準拠法が韓国法の場合（前記①の場合）

　世界の離婚制度は、国によりかなり異なっている。日本のように比較的簡便な離婚制度を認める国から、厳格な離婚原因を要求する国、さらにはそもそも離婚を認めない国もある。このため、国際的な離婚事案では、まず離婚が認められるか否か、認められるとすればどのような離婚が認められるのか等が問題になる。こうした問題は、離婚の準拠法によって判断される。準拠法が韓国法となれば、それは、原則として韓国の法制度で認められている離婚を日本において実現することを意味する。韓国では、わが国と同様、判決による離婚のほか、協議離婚や調停離婚が認められている（韓国民法834条以下および韓国家事訴訟法50条以下）。当事者間に離婚の合意があれば、合意に基づく離婚である協議離婚を利用することが簡便であろう。

　しかし、韓国法に基づく協議離婚をわが国で行う場合、気をつけなければいけない点がある。わが国の協議離婚が、当事者の離婚合意に加えて、届出という行為を要求しているように（民法764条）、一般に、裁判外離婚にはそれを対外的に表示するための一定の方式の履践が要求される。いわゆる形式的要件である。条文上、これを方式と呼んでいる。国際私法上、方式は、独

立した一個の単位法律関係を構成する。すなわち、離婚の準拠法とは別に準拠法が観念される。具体的には通則法34条に定める準拠法に基づき、そこに定められている方式を履践しなければならない。34条は、当該法律行為の成立の準拠法と行為地法の選択的適用を定めており、離婚の準拠法たる韓国法の定める方式か、あるいは行為地法たる日本法の定める方式のいずれかを履践すればよいことになる。そうであれば、ここでは日本法の方式を満たせばよい。

2 韓国民法836条の「家庭法院の確認」

ところで、韓国民法836条は、「協議上の離婚は、家庭法院〔裁判所〕の確認を受け、……、申告〔届出〕することによって、その効力が生ずる。」と定めている。つまり、韓国法は、協議離婚をする際に、届出のみならず裁判所での確認というものを要求している。この点は、日本法と異なる。

通則法27条の定める離婚の準拠法（方式に対比していえば、離婚の「実質」の準拠法）も34条の定める離婚の方式の準拠法も、いずれも韓国法であれば、韓国法の定める離婚に関するすべての要件を満たす必要がある。しかし、わが国際私法上、方式の準拠法については、前述したように日本法でよい。その結果、韓国民法836条の定める「家庭法院の確認」が、離婚の実質に属するものなのか離婚の方式に属するものなのかにより、わが国際私法上の処理が異なることになる。すなわち、これが実質の問題となれば必ず備えなければならず（離婚の実質は韓国法に従うゆえ）、これが方式の問題であれば、方式については韓国法によらず日本法によればいいので、日本法にはない「裁判所の確認」といったものを備える必要はない。

韓国民法が協議離婚に「家庭法院の確認」という制度を導入した際に、日本の法務省は、これは日本の国際私法上「協議離婚の方式に属するものと解される」（昭53・12・15民二6678号通知）と判断した。すなわち、離婚の実質に含まれるものではないので、日本で韓国法に基づく協議離婚をする場合には、当事者はとくにこれを備える必要はないとした。それ以来、全国の戸籍

窓口では、韓国法に基づく協議離婚の際にも、届出のみで対処している。韓国側も、当初は、こうした日本の戸籍実務を了とし、届出のみの協議離婚を韓国法上も有効なものとして取り扱っていた。しかし、韓国の戸籍事務を管掌する大法院〔最高裁判所〕は、2004年、通知を発し、同年9月20日以降そうした取扱いを廃止する、とした。すなわち、協議離婚における「家庭法院の確認」は、方式の問題ではなく実質の問題とその性質を決定し、日本で行われる協議離婚にもそれを要求することにしたのである。これに対して、日本の戸籍実務は、現状においても従来の取扱いを変えることなく対応している。その結果、これ以降、日本でなされた届出のみの協議離婚は、日本法上は有効だが、韓国法上は有効ではない、ということになった。

当事者からすれば、当然、このような事態は避けたいところである。加えて、近時(2007年)、韓国民法は、急激に上昇する離婚率対策もあり、協議離婚手続を改め、「家庭法院の確認」の前に「協議上の離婚をしようとする者は、家庭法院が提供する離婚に関する案内を受けなければならず……」、しかも「案内を受けた日から」「1ヶ月」が経過しないと家庭法院の確認を得ることができないとするなど(韓国民法836条の2。2008年6月から施行)、ますます手続を複雑化させている。この「案内」の法的性質を国際私法上いかに考えるかという問題があるが、実務的には、結論からいえば、韓国法を離婚の準拠法とする場合には、協議離婚によらず、韓国法でも日本法でも認められている調停離婚を利用する方がシンプルに対応でき、また日韓間でも不整合が生じないため、便宜であろう。

2 準拠法が北朝鮮法の場合（前記②の場合）

1990年に制定された朝鮮民主主義人民共和国家族法20条2項は、「離婚は、裁判によってのみ行うことができる」と定め、離婚原因については、同21条で「夫婦の愛情と信頼に著しく背反するか、その他の事由で夫婦生活を継続することができない場合」とする（条文は、在日本朝鮮人人権協会＝朝鮮大学校朝鮮法研究会・後掲90頁による）。その一方で、北朝鮮では、離婚判決によって

離婚が成立するのではなく、その判決に基づき身分登録機関において離婚登録を行ったときに離婚は成立するともされている（崔・後掲222頁）。それを間接的に裏づけるが如く、同法20条3項は、「離婚判決は、確定したときから3ヶ月まで効力を有する」と規定し、一定期間経過後、判決が失効するシステムを採用している。

　こうした内容をもつ北朝鮮の離婚法を、わが国でどのように実現すべきか。その内容が必ずしも明らかでない部分もあるが、司法機関の判断を必要とする以上、協議離婚や調停離婚によることは適切ではないと思われる。わが国の審判離婚が裁判離婚の一種であるかどうかについてはかねてから議論のあるところであるが、北朝鮮法を前提とした場合、審判離婚によることは可能であろう。現に、そうした裁判例もある（札幌家審昭60・9・13家月38巻6号39頁、東京家審昭59・3・23家月37巻1号120頁等。詳しくは青木・後掲22頁以下参照）。

　なお、戸籍実務では、韓国・朝鮮人については、「本人が特に韓国人でないことを主張しない限り、原則として韓国法によるものと考えて処理して差し支えない」（佐藤＝道垣内・197頁〔岡野〕）とされている。

◆参考文献
青木清「わが国での韓国・朝鮮人の離婚」国際法外交雑誌96巻2号1頁（1997年）
木棚照一監修『「在日」の家族法Q＆A〔第3版〕』（日本評論社、2010年）
在日本朝鮮人人権協会＝朝鮮大学校朝鮮法研究会編・訳『朝鮮民主主義人民共和国主要法令集』（日本加除出版、2006年）
崔達坤『北朝鮮の民法・家族法』（日本加除出版、2001年）

11

> 私たちは、日本に10年以上居住するアメリカ人夫婦です。最近夫の暴力がひどくなり、離婚を考えています。どのようにしたら、日本で離婚をすることができるでしょうか。また、友人にインド人の夫婦がいますが、彼らも離婚を協議しています。彼らの離婚はどのようになるでしょうか

(不統一法国)

2 不統一法国

　日本法は統一されていて日本中どこにいっても、どの日本人についても同じ法律が適用される。しかし世界的には国内の法律が統一されていない不統一法国は多く、その態様も国により大きく異なっている。不統一法国には大きく分けてアメリカやイギリスなど国内の一定の地域ごとに異なる法律が行われる場所的不統一法国（地的不統一法国）とインドやエジプトなどのように国民の宗教や民族により異なる法律が行われる人的不統一法国がある。このように私法が統一されておらず一種の抵触状態を呈している国では、個々の事例についていずれの私法を適用すべきかを定める一種の規則が置かれていることが多く、このような規則を場所的不統一法国では準国際私法、人的不統一法国では人際法と呼んでいる。

2 場所的不統一法国

　場所的不統一法国は複数の法域に分かれている国家で、イギリスやアメリカのように複数の法域に分かれる場合や特定の比較的小規模な地域のみにその地域に固有な法律の適用を認める場合があり、また不統一である私法の範囲もさまざまである。たとえばイギリスは、イングランド女王エリザベス1世の死後スコットランド王ジェームズ1世がイングランド王を兼任することになった結果両国が合併されたが、従前の法は引き続き効力を認められてい

るため、イングランド法とスコットランド法とで今なお異なる独自の法制を有する分野がある。アメリカ、カナダ、オーストラリアなどの諸国は州ごとに独立した立法権を有し、国家の全領域を適用範囲とする連邦法と各州を適用範囲とする州法があり、連邦に専属的な立法管轄が規定される分野や統一法が制定されている分野以外は各州に立法管轄権が認められ、州により異なる法が行われる不統一法国であるといえる。また第二次世界大戦終了前の日本でも、日韓併合条約で日本に併合された朝鮮半島および下関条約に基づいて日本領となった台湾などの地域は外地と呼ばれ、併合以前の慣習法（「朝鮮民事令」、「台湾ニ施行スル法律ノ特例ニ関スル件」）が行われていたから場所的不統一法国であったといえる。

　法廷地の国際私法によって指定された準拠法が不統一法国の法律である場合に、指定されるのがその不統一法国全体の私法秩序（全実質私法秩序）なのか、それとも特定の法域の私法（部分的実質私法秩序）であるのかが問題になる。準拠法が本国法として指定される場合には、連結点である国籍はその国家全体を指定し国内のいずれかの私法を特定することはできないが、住所、常居所、物の所在地や行為地など場所的な要素をもつ連結点の場合には、国内の特定の法域を直接指定することができる。各々の法律関係について最も密接な関係を有する法を適用することが国際私法の意義であると考えれば、連結点が場所的な性質を有する場合には、その連結点により特定の法域を指定してその私法を適用すべきである。

　通則法38条3項本文は、「その国の規則に従い指定される法」として場所的不統一法国に属する者の本国法の決定について、その国の準国際私法によりいずれの法域の法律を適用すべきかを定める間接指定説をとっている。「その国の規則」とは、その場所的不統一法国の準国際私法のうち各国民の属人法を示す規則、すなわち身分や地位を支配する法がいずれの法域の法であるかを示す規則をいう。不統一法国の内部での私法の不統一状態は国により異なり、準国際私法の存在形式もさまざまであろう。しかしこのような規則が存するのであればわが国の国際私法が準拠法を指定する場合に依拠して

準拠法決定することが適切であるし（鳥居・後掲35頁、溜池・180頁）、国際的判決調和にもつながる（山田・82頁）。

通則法38条3項括弧書は、同項本文の規則がない場合に「当事者に最も密接な関係がある地域の法」を日本の国際私法の立場で直接指定すると定める。何を基準として「最も密接な関係」の有無を判断するかについては出生地、本籍、住所、常居所、居所などがあげられるが、アメリカには統一的な準国際私法がないとされるので法廷地国際私法の立場で直接指定するのが通説判例の立場である（横浜地判平3・10・31判時1418号113頁、横浜地判平10・5・29判タ1002号249頁、南・後掲183頁）。

設問は、日本に居住するアメリカ人夫婦の離婚の準拠法が問題となる。通則法27条は離婚の準拠法として25条を準用し第一次的に同一本国法を、同一本国法がない場合には同一常居所地法を、そしてそのいずれもない場合には法廷地国際私法の立場でその夫婦につき最も密接な関係を有する場所の法律を選び適用する。そこでこの夫婦につき同一本国法の有無を判断することになるが、本国たるアメリカは場所的不統一法国であることから通則法38条3項により各々のアメリカ人について本国法を定めるが、通説の立場に立てば、アメリカには統一的な準国際私法が存せず、当事者のそれぞれにつき本国法として適用されるべき州法を日本の国際私法の立場で直接指定する。その結果全く同一の州法が指定されれば同一本国法として適用しうるが、たとえ州法の内容が同一であったとしても、州が違うときは、条文の解釈が異なる場合があるので同一本国法は存しないと考え（南・後掲186-187頁、山田・84頁）、同一常居所地法の有無を検討することになる。

2 人的不統一法国

人的不統一法国とは、人種、民族、宗教、その他の集団ごとに固有の法律を有する社会集団が国内に複数存する国をいう。人的不統一法国は、かつて欧米の植民地とされてきたアジアやアフリカの諸国に多くみられる（大村・後掲103頁以下）。宗主国であった国の支配体制による差異もあるが、家族を

めぐる法律は、その地域の慣習や宗教法・教義の影響が強く植民地時代も全面的な法統一が達成されにくかった上、近年は民族主義やマイノリティ保護などの観点から各社会集団の固有法は今後も残存していくと考えられる。たとえばインドにおいてはイギリス植民地時代にイングランド法型の成文法が移植され、並行してヒンドゥー教徒、イスラム教徒、キリスト教徒、パールシー教徒（ゾロアスター教の一派）、ユダヤ教徒の各宗教法や慣習法の効力が現在も各々の近代化を進めながら引き続き認められている。イングランド法型の成文法は、例えば「特別婚姻法」や「離婚法」など、すべての国民に適用される一般法として国家全域を適用範囲として行われるが、インドでは各当事者がその所属する宗教法・慣習法か一般法のいずれにより婚姻挙行するかの選択が認められ、婚姻挙行法がその婚姻の効力も支配する（伊藤・後掲122頁以下）。

　フィリピンでは、「フィリピン家族法」により統一がされているが、ミンダナオ島を中心に分布するムスリムには、「フィリピン家族法」が適用されず、フィリピンのムスリムに適用されてきたイスラム法を成文化した「フィリピン・ムスリム身分法」が適用される（森・後掲249-253頁）。

　また、イスラム法、キリスト教徒法など各々の宗教法の内部でも学派や分派によりさまざまな慣習法があり、各当事者が所属する集団の慣習法が適用される。このような人的不統一法国内の実質法の適用範囲は複雑であり国・地域によって異なるから当事者以外には各法の適用範囲や内容がわかりにくい。人的不統一法国に所属する者につきいずれの法を適用すべきかを定める規則である人際法の内容もさまざまであり、単に宗教や民族などの集団への所属のみに基づいて適用されるべき法律を割り振るような単純な規則ではない。各国において成文法で統一的な規則として定められることはむしろ稀であり、婚姻法などの各々の単行法において適用範囲が定められていたり、複数の法のいずれを適用すべきかが争われるような事例について判例法や慣習法で折々に示されることも多い。以上のような現状から、人的不統一法国が準拠法として指定される場合には、その国の実質法の内容調査が必須であり、

調査を尽くしても内容が十分に明らかにならない場合も多いであろう。

　通則法40条1項本文は「当事者が人的に法を異にする国の国籍を有する場合には、その国の規則に従い指定される法を当事者の本国法とする」として、人的不統一法国法が本国法として指定される場合に、その国の規則である人際法により抵触を解決すると規定し、同項括弧書はその国に規則がない場合には法廷地国際私法の立場で最も密接な関連がある法を直接指定すると定める。そもそも人的不統一の状態を呈する国においては現在の国家が成立する以前からかような慣習法が効力を認められ、人々が混在して生活をしてきたのであるから、複数の集団の法律のいずれを適用すべきかを定める規則が全く存しないとは考えにくい。規則が複数の制定法に散在したり不文である場合もあるから調査を尽くしても人際法の内容不明の場合が生じうるが、この場合には準拠法として指定された外国法の内容不明の場合に準じた処理をすることになる（山田・89頁）。1項括弧書を空文規定（山田・89頁）、または外国法不明の場合の特則（澤木＝道垣内・44頁、木棚＝松岡＝渡辺・68頁〔渡辺〕）と説明することもできるが、いずれにしても人的不統一法国の不統一状態は場所的な要素をもつ法域の並存ではないと考えるのであれば国際私法は国籍に基づき本国法を指定する。その当事者につきいずれの私法の適用を受けるかをいわゆる「絞り込み」した結果わが国の国際私法が本国法として指定するのではなく、法域レベルでの特定をもって本国法と定めることになる点で38条3項と40条1項は解釈を異にすべきである。

　設問の日本に居住するインド人夫婦の離婚については、離婚の準拠法として本国法たるインド法の適用が考えられるが、インドは前述のように婚姻・離婚法が統一されていないので人際法により離婚に適用すべき法を定める。一般法であるイングランド法型の「特別婚姻法」により成立した婚姻の解消を定める「離婚法」と、各当事者の所属する宗教に基づいて適用される宗教法、そして特定のカーストやその他の集団に所属する者を対象とする慣習法などがあるが、宗教法、慣習法は人的適用範囲を定めることからこのインド人の本国法は国籍に基づきインド法と定めた上でいずれの婚姻・離婚法を適

用するかは実質私法秩序内の問題としてインドの人際法により定めるべきである。(インドでは) 婚姻・離婚について一般法である特別婚姻法か双方が同一の宗教・学派に所属するのであればその宗教・学派の法により婚姻挙行するかを当事者の合意で選択し、婚姻挙行法が婚姻の成立および効力と解消に適用されるとの規則を認めうるから、婚姻の際に双方がヒンドゥー教徒でインドにおいて「ヒンドゥー教徒婚姻離婚法」で婚姻した場合には「ヒンドゥー教徒婚姻離婚法」が、「特別婚姻法」で婚姻挙行した場合には「離婚法」が離婚につき適用されることになる。

◆参考文献
伊藤弘子「インド共和国家族法制度概要」月刊戸籍769号（2005年）
大村芳昭「人際家族法研究序説」中央学院大学総合科学研究所紀要9巻2号103頁（1994年）
鳥居淳子「不統一法国法の指定」山田鐐一＝早田芳郎編『演習国際私法〔新版〕』34頁（有斐閣、1992年）
南敏文『改正法例の解説』（法曹会、1992年）
森正美「第3章フィリピン」柳橋博之編著『現代ムスリム家族法』241頁（日本加除出版社、2005年）

12
米国ネバダ州出身の男性と結婚したフランス人女性です。日本に来て2年ほどになりますが、このたび離婚をすることになりました。日本で離婚ができますか。どうすればいいのでしょうか

（裁 判 離 婚）

🔲 国際的な離婚

　米国では他州の判決が相互に承認されることから、離婚のための住所が取得しやすい州へ移住して離婚する現象がみられる。ネバダ州は簡単に離婚ができる州として有名である（溜池・197-200頁）。しかし、その現象の背景に目を転じれば、要するに米国でも離婚に厳格な州が少なくなかったという事実が存在する。他方、フランスは、破綻主義をとっているものの、離婚はすべて裁判離婚である。裁判以外の離婚は、弱者保護にならないとの懸念があるともいわれる（水野・後掲168頁）。

　これに対して、日本は、明治の頃より話し合いによる離婚すなわち協議離婚を認め、先の人事訴訟法の改正においては訴訟上の和解による離婚も規定された。裁判離婚も存在するが、調停前置主義であるので、まずは調停に付されることになる。かなりの数の離婚が広義の「話し合い」の中で解決しているのが現状であろう。

　上記は一例であるが、離婚の法制度はその把握に独特の難しさがある。そして、国境を越える離婚の場合、このような各国離婚法の抵触を解決する必要がある。

🔲 国際私法上の位置づけ

　離婚は、当事者の死亡と並んで婚姻の解消事由であるので、広義には婚姻の効果の問題でもある。離婚はそれ自体固有の性質を有している上、離婚事案は質量ともに多く、また、親子関係等付随する法問題も多様であり、離婚

自体が一つの法分野を形成している面もある。

平成元年改正前の法例では、離婚は婚姻の効力および夫婦財産制とともに、夫の本国を連結点としていた。婚姻の効力と平仄を合わせていたが、連結点の確定時点が異なっており、それぞれ個別の抵触規則と位置づけられていた。さらに離婚では、日本法上の離婚原因も要求されていた。

その後、当事者の一方の本国を連結点とすることが、男女平等を謳う日本国憲法に整合するかが、同様の規定の合憲性が同じく争われていたドイツとともに、長らく議論されることになった（溜池・435頁以下、山田・400-401頁）。結局、国際私法においても、男女平等は重要な概念であり、法選択規則においても、どちらかの性に有利となるようなことは回避されるべきとされた。

通則法27条では、離婚の準拠法につき、「夫婦の本国法が同一であるときはその法により、その法がない場合において夫婦の常居所地法が同一であるときはその法により、そのいずれの法もないときは夫婦に最も密接な関係がある地の法による」という婚姻の身分的効力の規定（25条）が準用されている。連結点も変更主義で統一され、夫婦財産制（26条）でも25条が準用されている。

25条から27条は、原則的には同じ規則を採用しているが、26条（第9講参照）、27条にそれぞれ固有の規定がある。離婚に関しては、前述の日本法上の離婚要件の付加が削除された代わりに、「夫婦の一方が日本に常居所を有する日本人であるときは、離婚は、日本法による」といういわゆる日本人条項が導入されている。また、夫婦財産制にのみ当事者自治が導入されている。したがって、婚姻の身分的効力、夫婦財産制そして離婚の三つの規則は、異なる準拠法を導く可能性が少なくない（第9講参照）。

2 段階的連結

段階的連結において、第一に、同一本国があればそれによる。本国の確定基準は国籍である。米国のように、地域的不統一法国の場合（38条3項）は、本国法を確定してから同一性を判断する。設問の男性はネバダ州法が本国法

となる。その結果、「米国ネバダ州出身」の男性はフランス国籍をもっていないと思われるので、同一本国は存在しえない。

　第二に、同一常居所があるかが問題となる。常居所は、法律概念である住所とは異なり、事実概念であるので、重常居所はありえないとされる。したがって、ある者の常居所は常に1ヶ所に確定される。常居所はハーグ国際私法会議の策定してきた諸条約に由来するが、事実概念であるので、いずれの条約にも、また法例あるいは通則法にもその定義を見出すことはできない。平成元年改正法例施行時に、法務省民事局長通達（平元・10・2民二3900号通達）が出されており、戸籍実務処理を念頭に、常居所の認定基準を示しているが、本来それに拘束される必要はない。一定の居住期間、将来的な滞在可能性などの諸要因から、事案の性質に応じて判断していくことになる。居住意思を考慮するかは意見が分かれるが、考慮要因の一つとはなりうる（参照、澤木＝道垣内・97頁）。設問の場合、当事者は2年間日本において婚姻生活を営んでいたようである。日本には（同一）常居所が認められないとしておこう。ネバダ州あるいはフランスに（同一）常居所が認められるかは、判然としないので、認められないと考えよう。

　第三に、そうすると同一常居所がない場合となるので、最密接関係地法によることとなる。条文解釈上、探求する要素には制限がないと解される。最後の共通常居所地、婚姻生活が相対的に長く営まれた地、いずれか一方の国籍国で相方にも馴染みのある地などが候補となろう。なお、設問の場合、日本人条項が適用されないことはいうまでもない。

二　離婚の方法

　以上のように、離婚の準拠法が決定される。ここでは、第三段階で日本法が準拠法となった場合を念頭に置く。日本法上、離婚には五つの種類がある。すなわち、裁判、審判、調停、協議および訴訟上の和解である。設問においては、協議離婚が可能ならば、それによるが、その可能性がなければ、裁判所の関与する離婚方法による。

ところで日本では、人事訴訟も家庭裁判所が扱うことになったので（裁判所法31条の3第1項2号）、職分管轄は家庭裁判所にある。司法制度上、人事・家事の事案において、人事訴訟を提起するときはまず家庭裁判所に調停を申し立てる「調停前置主義」（家事事件手続法257条）というルールが存在する。このルールは国内法上は手続法に属するものであり、渉外事件であっても準拠法が日本法であれば、整合的に適用される。

この点、仮に、準拠法が外国法となり、当該外国法上、裁判離婚しか認められていなくとも、調停を介在させるかについては、従来から議論がある。調停（離婚）を協議（離婚）に通じる当事者の任意処分性の高い制度であると理解すれば、裁判離婚を求める準拠外国法の要請には適わず、調停（離婚）は不可となる。これに対して、調停（離婚）は司法判断が加っており、裁判（離婚）に近接すると解すれば、裁判離婚を求める準拠外国法下でも、調停を行うことは可能となる。さらに審判（離婚）も調停に近いとみるか、判決に近いとみるかも争いがある。学説上は、調停（離婚）も審判（離婚）も裁判（離婚）の代わりにはならないという立場が有力に説かれてきたが（溜池・462頁以下、山田・448頁以下）、実務上は、合意に相当する審判（家事事件手続法277条）、または調停に代わる審判（284条）が行われてきた。学説はさらに詳細に分かれ、議論はなお続いているが、冒頭のネバダ州あるいはフランスの例からも、この問題は、対象となる外国法の内容に応じて個別に判断せざるをえない側面もある。

準拠法が日本法である局面に話を戻すと、調停前置のルールに服することに問題はない。そして、調停が不調の場合、裁判離婚すなわち判決による離婚へと進むことになる。

2 準拠法の適用範囲

離婚準拠法の適用範囲に入るものとして、次のような問題がある。

第一に、離婚の可否、離婚原因は離婚準拠法による。

第二に、離婚後の夫婦間扶養の問題は、離婚準拠法による（扶養4条1項）。

扶養義務の準拠法については、通則法とは別に、扶養義務の準拠法に関する法律があるが、離婚後の夫婦間扶養は、広義には離婚の際の財産分与問題であるので、最終的に、離婚に適用される法によっている。この立場は、夫婦財産制の清算あるいは離婚の際の財産分与も離婚準拠法によるとされるが、離婚の際の財産分与請求はそれぞれ夫婦財産制の準拠法によるとする説もある（山田・450頁以下の整理参照）。

　第三に、離婚の際の慰謝料請求についても、離婚準拠法によるのが通説である。これに対して、慰謝料請求は一方配偶者が相手方に与えた精神的苦痛が原因であるので、不法行為準拠法（通則法17条以下）によるとの判例も少なくなかった（京都地判昭31・7・7下民集7巻7号1784頁等）。次に、ドメスティックバイオレンス（DV）など、暴力行為が離婚の原因となることがある。この場合は、暴力行為固有の損害賠償については、不法行為準拠法によるとされるが、これも上記財産問題と一括して離婚準拠法による説もある（松岡・後掲207頁）。なお、いわゆるDV防止法の保護命令も離婚準拠法上の問題になるとの立場がある（溜池・469頁）。

　第四に、離婚の際の親権者指定は、親子間の法律関係の準拠法（通則法32条）による。日本民法上、離婚の際の親権者指定は離婚の効果のような位置づけになっており、国際裁判管轄においても離婚と親権者指定は一体化してきたことに照らせば、離婚の準拠法によることにも十分理由があり、従前から学説の対立があった。その後、平成元年の法例改正以降、親子間の法律関係の抵触規則に子の本国および子の常居所が採用されたことから、親子関係準拠法説が通説的な地位を得た。

　最後に、離婚後の氏については、氏一般の議論と同じく、離婚準拠法説、本人の属人法説がある一方、氏名公法理論により、国際私法の適用を直接受けないとの立場もある（詳細は第3講参照）。なお、設問の場合、当事者双方が外国人のようであるので、離婚の報告の届出（戸籍法77条）に関する規定は適用されないのが実務であるが、これに対しては、批判もみられる（佐藤＝道垣内・246頁〔織田〕）。

◆参考文献

大村敦志『家族法〔第3版〕』(有斐閣、2010年)

佐上善和『家事審判法』(信山社、2007年)

中西康「審判離婚」櫻田嘉章＝道垣内正人編『国際私法判例百選〔新法対応補正版〕』112頁(有斐閣、2007年)

松岡博『現代国際私法講義』(法律文化社、2008年)

水野紀子「家族」北村一郎編『フランス民法典の200年』(有斐閣、2006年)

13 最近まで外国で外国人の夫と生活していましたが、夫婦関係が悪くなり、単身帰国しました。日本で離婚の裁判を起こすことができるでしょうか

（離婚の国際裁判管轄）

❷ 渉外事件と裁判所

　国際的な家族関係も、紛争になれば、司法による解決を必要とする場合も多くなる。超国家的な民事紛争解決機関がほとんど存在しない現代社会において、国際的な家事紛争の処理は、国家裁判所が担うことになる。その結果、いずれの国の裁判所が当該事案に管轄を有するかが問題となる。設問はまさに、外国人夫に対する裁判を日本で提起できるかというものであり、日本の国際裁判管轄が認められるかが争点となっている。以下、多様な家事事件の中でも、人事とりわけ婚姻関係事件の中心的問題である離婚の国際裁判管轄について略説する。

❷ 裁判権、国際裁判管轄、土地管轄

　「国際裁判管轄」とは、要するところ司法権の行使範囲の確定の問題であるが、主権免除論に代表される国家主権との関連で論じられる「裁判権」の問題ではなく、一国の裁判所が国際民事事件をどこまで取り扱えるかを対象とした概念である。設問の本質も、夫の本国と日本との国家主権の抵触にあるのではなく、一国の裁判所における国際事件の許容性にある。講学上、前者は国際公法の範疇に入り、後者は広義の国際私法の問題となり、大きく異なる。日本の判決例の中には、とりわけ財産関係事件において、国際裁判管轄の意味で「裁判権」という用語を使うことも少なくないが、両概念は区別して用いられるべきであろう（木棚＝松岡＝渡辺・238頁〔渡辺〕）。

　次に、ある事件につき、国内のいずれの裁判所が地域的な管轄を有するか

を決める「土地管轄」があるが、これが国際裁判管轄と性質を異にすることは比較的理解しやすいところであろう。すなわち、設問でも、日本が管轄を有するのかが国際裁判管轄の問題であり、京都家裁か名古屋家裁かなど、日本のいずれの裁判所に係属するのかを決めるのが土地管轄である。後者は民事訴訟法上の問題であり、この両者もいわば存在平面を異にする。ただし、国際裁判管轄と土地管轄はある問題に対する国家裁判所の地域的分担を規律する点で共通する部分がある上、後述するように、家事事件に関しては国際裁判管轄の規定が明確でないという事情も相俟って、両者は理論的あるいは実際的には少なからぬ関係性を有してきた。

2 国際裁判管轄総論

　国際裁判管轄の本質に照らせば、条約等で各国のルールが、分野別であれ、統一されているのが望ましい（神前＝早川＝元永・後掲240頁）。しかし、日本はもとより諸外国においても、家事事件に関連する国際裁判管轄の国際的な取決めは、EU域内等を除いて、ほとんどないのが現状である。そのEUには、「婚姻関係事件及び親責任に関する裁判管轄並びに裁判の承認及び執行に関する理事会規則」（2003年。以下、ブラッセルⅡbis規則）があり、デンマーク以外の国において採用されている。

　ハーグ国際私法会議の活動に目を転じれば、日本が未参加の「離婚および別居の承認に関するハーグ条約」（1970年。以下、離婚承認条約）が存在するものの、締約国は19ヶ国にとどまっている。その名の通り、承認に関する条約であるので、そこに定められていたのもいわゆる「間接管轄」（外国判決の承認の際に、判決国の管轄を審査するための基準〔民訴法118条1号参照〕）であるが、EU法の展開をみるまでは、日本においても比較法的に斟酌されることも少なくなかった。

　いずれにせよ、国際的な統一ルールが存在するとは言い難い。したがって、国際裁判管轄の規律は各国国内法に委ねられている。日本には家事事件においても、財産関係事件においても、国際裁判管轄については明文の規定は存

在しないとされてきた。そこで、解釈論としては、国際民事訴訟法の理念から管轄原因を探究する管轄配分説と、国際裁判管轄の次に問題となる土地管轄の規定を、順序を変えて先に斟酌し適用する逆推知説を中心に多様な判例・学説があった。今次、財産関係については、「民事訴訟法及び民事保全法の一部を改正する法律」（2011年成立）により、民事訴訟法3条の2以下に国際裁判管轄の規定が置かれることになったが（以下、改正民訴）、人事・家事関係についてはなお明文規定を欠く状態となっている。

　よって、家事事件に関しては、類推対象とする規定も含め法規の欠缺が全般にわたり、次にみるような判例法に、国際裁判管轄の決定は包括的に委ねられてきた。

2 判例法理

　離婚事件の国際裁判管轄に関する日本における従前の判例法理は、次の三つの最高裁判決に集約される。まず、第二次世界大戦期における朝鮮人との婚姻の解消を戦後に求めた元日本人の事案において、被告住所地主義を原則としながら原告が遺棄された場合、被告が行方不明の場合、その他これに準じる場合、例外的に原告住所地に管轄を認めた判決（最大昭39・3・25民集18巻3号486頁〔以下、39年大法廷〕）がある。

　次に、1950年以来、単身日本で生活していた米国陸軍軍属が来日経験のない在米の妻に対して提起した離婚訴訟につき、在日外国人の身分関係に対する十分な保護に配慮する点で39年大法廷を踏襲しつつ、39年大法廷の示したルールにあたる場合ではないとして管轄を否定した判決（最判昭39・4・9家月16巻8号78頁〔以下、39年小法廷〕）がある。

　最後に、ドイツで婚姻した日本人とドイツ人の夫婦がそれぞれの本国において別居するに至った後、まずドイツ人がドイツで離婚判決を得たのに対して、日本人が日本で離婚の訴えを提起した事案につき、当事者間の公平、裁判の適正・迅速の理念に基づき条理によるとし、被告の不利益と原告の権利保護に着目して判断した結果、日本の管轄を認めた判決（最判平8・6・24民集

50 巻 7 号 1451 頁〔以下、平成 8 年小法廷〕）がある。

　39 年大法廷がいわば基幹的判決であり、39 年小法廷はルールとしてはそれを踏襲している。ただし、両判決とも、やや特殊な事情下の夫婦に関するものであり、そこからルールを抽出するにしても、どこまで一般化できるかには留意する必要がある。これに対して、平成 8 年小法廷は、この 39 年の両判決とは「事案を異にする」と明言しているため、前二者との射程範囲が解釈に付されたままとなっている。また、平成 8 年小法廷は、財産関係事件に関する判例法理（当時）の影響を感受させる部分もあり、その点においても評価が分かれるものである（詳細は、小林＝村上・後掲 169-181 頁）。

2　住所、常居所

　日本では、改正民訴をはじめ国際裁判管轄の決定において当事者の所在地を問題とする場合、国内管轄と同様に、今なお「住所」が基準となっている。他方、準拠法決定に関しては、法の適用に関する通則法（2007 年 1 月施行）では「常居所」が基準となっている（住所に関する規定は削除されている）。また、離婚承認条約、ブラッセル II bis 規則でも常居所が採用されている。

　「住所」は法律概念であり、民事訴訟法上および民法上その意義が論じられてはきたが、実際上その確定に特段の困難があるとは認識されていないようである。また、国際裁判管轄上の住所についても、国内法との異同を含め、それほど多くの議論があったとは認識されない。「常居所」は、ハーグ国際私法会議の条約を契機に、日本でも実定法上採用されて久しいが、こちらは事実概念であり、むしろ定義を置かないことに一定の意義が見出されている。

　したがって、当面のところ、日本における管轄原因としては、住所・常居所を念頭に置くのが適切かと考えられる。

2　各　　論

　以上のような全体的動向に基づき、日本において離婚の国際裁判管轄の対象となりうる管轄原因を整理する。

(1) 被告の住所地・常居所地管轄　家族関係に関する紛争とはいえ、離婚に関して、最終的には訴訟の形式がとられる以上、普通裁判籍のような位置づけで、被告の住所地・常居所地に管轄が認められる。すなわち、応訴する被告の利益に配慮することが公平に資し、また、生活の本拠がある地では証拠の存在、当事者の馴染み等の点から、適正かつ迅速な裁判が期待できるからである。39年大法廷が原則と明言したほか、おそらくこの管轄自体を否定する見解はないと解される（離婚承認条約2条1項、ブラッセルⅡbis規則3条(a)。参照、人訴法4条）。

(2) 夫婦の共通住所地・常居所地管轄　夫婦の共通住所地・常居所地に管轄は認められるか（参照、2003年廃止の人訴手1条）。これが現在も継続している状態ならば、結論は(1)と変わらない。(1)がない場合の補充的な管轄原因として、夫婦の「最後の」常居所地であり、かつ原告（離婚承認条約2条2項b）あるいは夫婦の一方が現在も居住している（ブラッセルⅡbis規則3条(a)）という条件で認定する法制もある。実質的には原告の住所地・常居所地にかなり比重を置いたルールとなる。

(3) 原告の住所地・常居所地管轄　より直接的に、原告の住所地・常居所地に管轄は認められるか。最後の共通住所地・常居所地があった（離婚承認条約2条2項b）あるいは原告が訴訟提起時まで直近の一定期間、そこに常居所を有していることを条件とする立場もある（離婚承認条約2条2項a）、ブラッセルⅡbis規則3条(a)）。このように原則として認める立場とは異なり、39年大法廷は、例外的な管轄として位置づけたが、近時、特段の事情のない限り、原則として、原告の住所地に管轄を認める立場もある（松岡・後掲303-304頁）。

(4) 本国管轄　原告と被告の共通国籍国ならば、本国管轄も認める法制もある（離婚承認条約2条3項、ブラッセルⅡbis規則3条(b)）。一方、日本では当事者の本国に国際裁判管轄を認めるかは、争いがある（本間＝中野＝酒井・後掲78-79頁）。実質的には、原告の本国に管轄が認められるかが問題となるところ、無条件で認める立場は、ここでみた判例・法制において確認できない（39年大法廷、39年小法廷ともに原告は外国籍である）。

(5) 緊急管轄　以上のような管轄とは別に、個別事情に応じた管轄を認める必要があるか。平成8年小法廷は、比較的柔軟な判断を行ったように解される。これはここまでみた原則・例外編とは異なり緊急管轄を認めたものと解されている。緊急管轄の必要性は否定されないのではなかろうか。

　本問に照らせば、(3)に該当するかが問題となろう。その余の管轄原因は肯定される可能性は現下のところ少ない。

◆参考文献
岡垣學＝野田愛子編『講座実務家事審判法5　渉外事件関係』（日本評論社、1990年）
梶村太市＝徳田和幸編『家事事件手続法〔第2版〕』（有斐閣、2007年）
神前禎＝早川吉尚＝元永和彦『国際私法〔第2版〕』（有斐閣、2006年）
小林秀之＝村上正子『国際民事訴訟法』（弘文堂、2008年）
澤木敬郎＝青山善充編『国際民事訴訟法の理論』（有斐閣、1987年）
本間靖規＝中野俊一郎＝酒井一『国際民事手続法』（有斐閣、2005年）
松岡博『現代国際私法講義』（法律文化社、2008年）

14

米国に単身赴任をしている夫が、私の知らない間に米国で離婚判決を得てきました。そんな理不尽なことがありうるのでしょうか

（外国離婚判決）

2 外国判決承認制度

　ある国際民事紛争につき、ある国の裁判所が判決を下した場合、他の国にはその判決の効力を承認しなければならないという国際法上の義務はない。だが各国は、外国の裁判所により下された具体的法律関係に関する判断を自国においても認めることが国際的法律関係の矛盾を回避することになり当事者の利益に適うと考え、また、すでに外国の裁判所により判決が下された紛争につき自国内でもう一度訴訟を行うことが当事者と裁判所に余分な負担をもたらすことになると考えて、一定の要件のもとに外国判決の効力を承認する制度を採用している。わが国でも、民訴法118条が外国判決を承認するための要件を定めている。

　民訴法118条によれば、外国裁判所の確定判決は、以下の四つの要件を具備するならばわが国においても効力を有する。①「法令又は条約により外国裁判所の裁判権が認められること」（1号。判決国の裁判所がわが国の基準からみて当該事案につき国際裁判管轄を有していたことを意味する）、②「敗訴の被告が訴訟の開始に必要な呼出し若しくは命令の送達（公示送達その他これに類する送達を除く。）を受けたこと又はこれを受けなかったが応訴したこと」（2号）、③「判決の内容及び訴訟手続が日本における公の秩序又は善良の風俗に反しないこと」（3号）、④「相互の保証があること」（4号。わが国で下された同種の民事判決が、判決国においても民訴法118条と重要な点で異ならない要件のもとで承認されることを意味する。最判昭58・6・7民集37巻5号611頁）。これらの要件のうち①および②、そして③のうち訴訟手続に関する部分（手続的公序）は、関係当事者の手

続保障に配慮した要件である。たとえば、設問のように、被告に訴訟が行われていることが知らされず、訴訟手続において自らを防禦する機会が与えられないままに下された外国判決は、これらの要件（とりわけ②）により、わが国でその効力を承認されることはない。他方、③のうち判決の内容に関する部分（実体的公序）は、わが国法秩序の安定性維持を考慮したものであり、④は国家間の関係に着目した政策的考慮に基づいた要件である。

　このうち①の要件については、国際民事紛争についてわが国裁判所に国際裁判管轄があるかどうかを判断する場合（直接管轄）の基準と、外国裁判所が国際裁判管轄を有していたかを判断するここでの場合（間接管轄）の基準とが、同じであるべきかどうかがこれまで議論されてきた。下級審裁判例においては、両者の基準を同一であるとみなすものが多数であった（東京地判昭47・5・2下民集23巻5～8号224頁、東京地判昭48・11・30家月26巻10号83頁、東京地判昭55・9・19判タ435号155頁、大阪地判平3・3・25判時1408号100頁、東京地判平6・1・14判時1509号96頁）。この点につき、最判平成10年4月28日（民集52巻3号853頁）は、「民訴法の定める土地管轄に関する規準に準拠しつつ、個々の事案における具体的事情に即して、当該外国判決を我が国が承認するのが適切か否かという観点から、条理に照らして判決国に国際裁判管轄が存在するべきか否かを判断すべきものである」と述べている。判旨は、その文言上、間接管轄の基準に直接管轄の場合とは異なる固有の考慮を導入しているようにも読めるが、その後の下級審裁判例は、一般論としては同判決を踏襲するものの、従来と同様の態度をとり続けるものも少なくない（たとえば、東京家判平19・9・11家月60巻1号108頁）。

　また、②の要件については、米国法に基づいた郵便による直接送達がこの要件を満たすかどうかが問題とされてきた。下級審裁判例の中には、郵便による直接送達がこの要件を満たさないと判示したものがいくつかある（東京地判平2・3・26金融・商事判例857号39頁等）。

　さらに、③の要件のうち実体的公序については、外国判決を承認した結果がわが国法秩序に与える影響を、当該事案と日本との関連性（牽連性）を考

慮して判断すべきであるとされている。わが国では、これまで懲罰的損害賠償制度に基づく外国判決や（最判平9・7・11民集51巻6号2573頁）、代理懐胎制度に基づく外国判決（最判平19・3・23民集61巻2号619頁）が公序違反とされてきた。離婚との関係では、離婚後の扶養料の支払いを命じるカリフォルニア州の判決が、夫婦がともに日本人で判決後に日本に常居所を移したこと、また、判決の内容が日本の国際私法のもとで準拠法となるべき日本法の定める内容と大きく異なることを理由に公序違反とされた事例がある（東京高判平13・2・8判夕1059号232頁）。また、海外では、男性からの一方的な宣言により離婚を認めるイスラム圏のタラーク離婚を認める外国判決が、両性平等の理念に反するとして公序違反であるとされた例もある。

最後に、④の要件については、国家政策的な考慮のために私人の利益を損うものとして批判が強く、これまで緩く解釈される傾向にあったが、近時、中国との間に相互の保証がないとした判決が下されている（大阪高判平15・4・9判時1841号111頁）。

このように、外国判決は上記の四つの要件を備えれば承認されることになる。その際、外国裁判所による事実認定や法の適用に関する当否が問題にされてはならない（民事執行法24条2項）。

2 自動承認

外国判決の効力を国内で発生させるに際しては、登録や執行判決請求訴訟といった特別な手続を必要とすることも理論的には考えられる。だが、わが国では、外国判決に基づく強制執行の場合を除き、効力発生に何ら特別の手続を必要としない自動承認制度を採用している。そこで、外国裁判所で下された離婚判決の場合も、上述の承認要件を満たすならば、わが国の市区町村長への届出等を必要とすることなく、その形成力がわが国でも法律上自動的に発生することとなる。当事者が、この外国判決に基づいて市区町村長への届出をしたとしても、それは報告的届出であって創設的届出ではない。

2 外国離婚判決の取扱い

　外国離婚判決の取扱いについては、学説上若干の争いがある。各国法において、離婚の方法には、当事者の一方的な意思表示によるもの、わが国の協議離婚のようなもの、さらに、行政機関や裁判所、一定の宗教機関や議会の特別立法による離婚など、さまざまな態様がある。離婚に際し形成判決という形での裁判所の関与がなされるのも、離婚に関する実体法がそのような関与を要求しているからであり、離婚判決の形成力は判決の効力ではなく、あくまでも裁判所の関与を命じた実体法の規定に基づく実体法的効力である。このように考え、判決による離婚の場合も国家機関が関与しない離婚の場合ととくに変わるところがないとして、外国離婚判決は民訴法118条にいう外国判決にあたらないとし、外国離婚判決がある場合にも、準拠法選択の方法により通則法に従って準拠法を決定し、離婚の成立を判断すべきだと主張する見解が一方ではある。これに対し、裁判所という外国国家機関が主体的に関与して離婚という新たな法律関係を形成した点を重視し、国際的法律関係の矛盾発生を防止するという観点から、他の民事判決と同様に外国離婚判決も民訴法118条にいう外国判決にあたると考えるのが現在の多数説である。

　裁判例においては、かつては平成8年改正前民訴法200条（現行法118条）のうちの①から③の要件と、日本の準拠法選択規則により選択される準拠法が外国判決において適用されたことという要件（いわゆる準拠法要件）を課すものもみられたが（東京地判昭36・3・15下民集12巻3号486頁）、現在では、国際的紛争解決の矛盾の防止という外国判決承認制度の制度趣旨や各国において準拠法選択規則が統一されていない現状を根拠として、外国離婚判決も民訴法118条にいう外国判決にあたるとされている（東京地判昭46・12・17判時665号72頁、横浜地判昭57・10・19判時1072号135頁、東京地判昭63・11・11判タ703号271頁、東京家判平19・9・11家月60巻1号108頁等）。戸籍実務においても、外国離婚判決の承認について民訴法118条が全面的に適用されることが前提とされている（昭51・1・14民二280号通達、佐藤＝道垣内・248頁〔織田〕）。

2 戸籍への記載

　少なくとも一方が日本人である夫婦につき外国で離婚判決が確定した場合、報告的届出が要求される（戸籍法77条および同条1項が準用する同法63条）。この場合、原告が日本人である場合には届出義務を有し、裁判確定日から10日以内に、判決の謄本を添付してその旨を届けなければならない（63条1項）。被告が日本人である場合には、届出資格を有する（同条2項）。なお、原告が外国人である場合には届出義務はない（佐藤＝道垣内・257頁〔織田〕）。

　届出に際しては、原則として、判決の謄本、裁判確定証明書、敗訴の被告が呼出しを受けまたは応訴したことを証する書面（裁判の謄本において明らかでない場合）およびその訳文を添付しなければならない。外国離婚判決は、これらの書類によって審査され、民訴法118条に定められている要件を欠いていると明らかに認められる場合を除き、届出は受理される（昭51・1・14民二280号通達、平13・6・15民一1544号通達）。設問との関連でいえば、夫が米国に妻が日本に所在する日本人夫婦の米国グアム上級裁判所における離婚判決（欠席判決）に基づく離婚届について、平成8年改正前民訴法200条（現行法118条）2号の要件を欠くと明らかに認められる場合には該当しないから、受理して差し支えないとされた事例がある（平5・1・5民二1回答）。この場合、民訴法118条の要件を具備しない外国離婚判決に基づきなされた戸籍の記載を訂正するには、戸籍法116条の確定判決による戸籍の訂正が必要となる（東京家審昭46・12・13家月25巻2号108頁）。

　なお、外国人と婚姻した日本人が離婚した場合、戸籍の変動はなく、身分事項欄にその旨を記載し、配偶欄を抹消する（佐藤＝道垣内・262頁〔織田〕）。また、外国人夫婦の離婚の届出が市区町村長に対してなされた場合には、受附帳に記載され（戸籍法施行規則21条）、報告的届出書類の場合10年間保存されて（同規則50条）、利害関係人の閲覧または受理証明などにより公証に役立てられる（戸籍法48条）。ただし、在日朝鮮人の戸籍届書に関しては、日本における協定永住権等の特別の地位の資格要件についての審査資料として必要とされる場合を考慮し、保存期間経過後も当分の間そのまま保管される（昭

夫　婦　89

41・8・22 民甲 2431 号通達)。

◆参考文献
釜谷真史「外国判決『自動承認』制度の意義(上)(下)」西南大学法学論集 37巻 2・3 号 1 頁、4 号 47 頁 (2005 年)
木棚照一「外国離婚判決の承認に関する一考察—承認規則と抵触規則の関係について—」立命館法学 137 号 31 頁 (1978 年)
高桑昭「外国離婚の承認と離婚の準拠法」立教法学 37 号 88 頁 (1992 年)
渡辺惺之「外国形成判決の承認」澤木敬郎=秌場準一編『国際私法の争点〔新版〕』243 頁以下 (有斐閣、1996 年)

親　　　子

15 外国人の妻の産んだ子どもが、私の子どもではないことがわかりました。私どもの親子関係は、どのようになるのでしょうか

（嫡出子）

2 嫡出親子関係の準拠法

　嫡出親子関係に関する法の適用に関する通則法 28 条は、夫婦の一方の本国法で子の出生の当時におけるものにより子が嫡出となるべきときは、その子は嫡出子とすると規定している（1項）。通則法の前身たる法例は、かつて、嫡出子となるかどうかは出生当時の母の夫の本国法によると規定していた（法例17条）。この規定は、平成元年改正において、できる限り子の嫡出性を認めるという実質法的利益を実現するために改められ、嫡出親子関係が成立する条件として複数の選択肢が与えられるという現在の形に改められた（選択的連結）。通則法 28 条は、改正後の規定をそのまま受け継いでいる。

　また、夫が子の出生前に死亡したときには、その死亡当時における夫の本国法が同条 1 項の夫の本国法とみなされる（同条 2 項）。夫婦が子の出生前に離婚によって婚姻を解消したような場合、婚姻解消当時の本国法によると解されている（溜池・490 頁、山田・477 頁）。

　なお、夫婦の一方の本国法は、子の出生当時（1項）または夫の死亡当時（2項）に定まり、その後国籍が変更されたとしても、変更後の国籍をもとに本国法が適用されることはない（不変更主義）。

　この規定により、嫡出性の推定に関する問題や嫡出性を否定するための要件、また、誤想婚や無効婚から出生した子が嫡出子という身分を取得するかといった問題が決定される。そこで、妻が婚姻中に懐胎した子が夫の子と推定されるか否か、またいかなる期間内に生まれた子が婚姻中に懐胎したと推定されるかという点、また、嫡出の否認を求めることができるか、その場合

の否認権者や権利行使期間、またどのような方法で嫡出否認がなされるのかという点等が、この規定に従って判断されることになる。

　戸籍実務上は、父母の一方が日本人の場合には、まず日本民法上子が嫡出子として扱われるかどうかを確認し、それが否定されれば外国人配偶者の本国法により子が嫡出子であるか否かを確認することとされている（平元・10・2民二3900号通達第3の1(2)イ）。

　なお、通則法28条が選択的連結を採用していることとの関係で、反致の適用があるかどうかが問題とされている。嫡出親子関係の成立をできる限り認めようとする同条の趣旨に反するとして、反致を否定すべきだとする見解もあるが、通則法41条がこの規定を除外していない以上、解釈論上は反致の適用があるとする見解が有力である（澤木＝道垣内・50頁、山田・476頁。）

2 選択的適用と嫡出否認

　前述の通り通則法28条が選択的連結を採用していることとの関係で、嫡出否認が認められるのはどのような場合かが問題となる。

　通説的見解によれば、子が、父または母の一方の本国法のみにより嫡出子と推定される場合には、嫡出否認についてもそのような推定をする一方の本国法によって子の嫡出性を否認することができれば、否認することができる。これに対し、父母双方の本国法により嫡出子と推定される場合には、一方の親の本国法によって子の嫡出性が否認されても、他の親の本国法により嫡出性の否認が認められなければ、子の嫡出性を否定することはできない（山田・479頁、溜池・492頁）。

　わが国において嫡出否認がなされる場合には、嫡出否認の訴え（および家事審判法23条審判）が用いられることになる。この場合、準拠法である外国法において、わが国と同様に嫡出性を一般的に否認する制度を有しているのであれば、とくに問題はない（東京家審昭48・5・8家月25巻12号63頁）。問題となるのは、準拠外国法において、相続等の個々の事案において嫡出推定が破られるに過ぎず、嫡出性を一般的に否認する制度が存在しない場合である。

この場合、学説上は、準拠法上の精神に反しないと解されるのであれば、嫡出否認の訴えによることができると解するべきだという見解があるが（村重・後掲211頁、司法研究所・後掲127頁）、形成の訴え（嫡出否認）は準拠実体法に根拠がある場合でないとできないという原則を破ることのないよう、むしろ親子関係不存在確認訴訟を利用すべきだという見解もある（海老沢・後掲180頁）。

また、父の本国法と母の本国法とで否認権者が異なる場合、手続上どのように処理するかが問題となる。学説上は、家庭裁判所の調停の場合、いずれかの本国法による申立権者の申立てにより、他方の本国法による否認権者も加わって家事審判法23条2項による合意に相当する審判が可能であるとされ（山田・482頁）、実務上も柔軟な対応がとられている（東京家審昭43・5・7家月20巻10号93頁、否認の相手方に関し、水戸家審平10・1・12家月50巻7号100頁）。

なお、嫡出否認の訴えの国際裁判管轄については、裁判例・学説は、以下のように立場が分かれている。まず、離婚事件に関する国際裁判管轄について最高裁が示した定式（最判昭39・3・25民集18巻3号486頁、最判昭39・4・9家月16巻8号78頁）、すなわち、原則として被告の住所地、例外的に原告住所地に管轄を認める立場がある（大阪地判昭39・10・9下民集15巻10号2419頁、東京地判昭41・1・13家月19巻1号43頁、那覇家審昭50・1・17家月28巻2号115頁）。次に、被告住所地を原則としつつも、子の保護という観点から、併せて子の住所地の管轄も認める立場がある（名古屋地判昭50・12・24判タ338号301頁、浦和地判昭57・5・14家月36巻2号112頁）。最後に、子の保護のため、子の住所地国のほか、子の本国についても管轄を認めるべきだとする見解がある（海老沢・後掲180頁）。

嫡出否認の訴えによって子の嫡出性が否定された場合には、戸籍法116条による戸籍訂正が行われる。なお、戸籍法上は、嫡出否認の訴えが提起されている場合であっても、両親の一方の本国法上嫡出推定が働いている限り、嫡出子の出生届を行わなければならない（戸籍法53条）。

2 外国人親の国籍証明

　父母の一方が日本人で、日本法上は子が嫡出子とならない場合には、外国人親の本国法上子が嫡出子となるかどうかを判断せねばならず、そのためには、まず親の本国法を決定しなければならない。そこで、戸籍実務上は、このような場合、添付書類として、出生証明書に加え、子の出生当時における外国人親の国籍証明書と、外国人親の本国法の嫡出子の要件に関する証明書の提出が求められる（平元・10・2民二3900号通達第3の1⑵イ）。

　外国人親の国籍証明書は、子の出生前後6ヶ月程度の期間内に発行されたもので足りる（佐藤＝道垣内・50頁〔西谷〕）。ただし、出生証明書が当該外国人親の本国官憲により証明されたものである場合には、当該親がその国の国民であることが作成時に前提とされていたと推定されるので、国籍証明書の提出は要求されない（澤木＝南・後掲119頁）。外国人親が無国籍である場合には外国人登録証明書を添付させる（佐藤＝道垣内・51頁〔西谷〕）。

　また、外国人親の本国法上の嫡出子の要件に関する証明書とは、外国人親の本国官憲の発行した証明書や出典を明らかにした法文の写しに訳文を添付したものを意味する。訳文については翻訳者が明らかにされねばならない（戸籍法施行規則63条の2）。なお、翻訳は自分で行ってもよい（佐藤＝道垣内・50頁〔西谷〕）。

◆参考文献

海老沢美広「親子関係存否確認の訴え」澤木敬郎＝秌場準一編『国際私法の争点〔新版〕』179頁（有斐閣、1996年）

澤木敬郎＝南敏文編著『新しい国際私法―改正法例と基本通達―』（日本加除出版、1990年）

司法研究所編『渉外家事・人事訴訟事件の審理に関する研究』（法曹会、2010年）

村重慶一「渉外親子関係存否確認事件の裁判管轄権とその準拠法」岡垣學＝野田愛子編『講座実務家事審判法5　渉外事件関係』211頁（日本評論社、1990年）

16

結婚をしていない外国人女性との間に子どもが生まれました。この子と私の間の法律上の親子関係はどのようになるのでしょうか

(非嫡出子)

　法律上の婚姻関係にない男女の間に生まれた子（嫡出でない子、非嫡出子）の親子関係の成立については、諸国の実質法上、出生の事実によって当然に親子関係の成立を認める法制（事実主義、血統主義、ゲルマン主義）と、親の認知によってはじめて非嫡出親子関係が成立するとする法制（意思主義、認知主義、ローマ主義）とがある。法の適用に関する通則法29条は、そのいずれも、すなわち認知のみならず出生による非嫡出親子関係の成立をも含めて規定し、非嫡出親子関係一般を対象としている。同条は法例18条の規定の文言を若干修正するとともに現代語化したものであって、内容的な修正はない（神前・後掲178頁）。そのため、同条の解釈に関する判例・学説の状況をみるにあたっては、法例18条の解釈を参考にすることが有益である。

▣ 出生による非嫡出親子関係の成立

　出生による非嫡出親子関係の成立について、通則法29条1項前段は、父との親子関係については子の出生当時の父の本国法によるとしている。ここで出生による非嫡出親子関係の成立の問題とされるのは、非嫡出親子関係の成立が一般的に問題となる場合に限られる（木棚＝松岡・後掲115頁〔神前〕、木棚＝松岡＝渡辺・230頁〔木棚〕）。たとえば、国籍法2条の定める出生による国籍取得の先決問題として非嫡出親子関係の存否が問題となる場合や、戸籍に父の氏名を記載するため出生による非嫡出親子関係の存否確認の裁判がなされる場合などがあげられる（山田・484頁）。他方で、出生による非嫡出親子関係の成立が単に扶養や相続などの具体的・個別的法律関係に関連してのみ

問題となる場合には、そのような法律関係の準拠法、いわゆる効果法（lex causae）によるとする見解が有力である（池原ほか・後掲33頁〔早田発言〕、木棚＝松岡＝渡辺・230頁〔木棚〕、山田・484頁）。

　設問から、「子と私の間」には血縁関係が存在すると考えられる。したがって、通則法29条1項前段によって適用される父の本国法が事実主義をとる場合には、同法の定める要件たる事実があれば、認知をすることなく、法律上の父子関係が認められる。なお、この場合に、さらに同条2項の規定によって認知を求めることができるかどうかが問題となる。一般的にいえば、事実主義のもとでも血縁関係があるという事実の立証が重要な意味をもつのであり、この場合に、そのような立証方法として認知を認めることを積極的に否定するものではないと解されること（木棚＝松岡＝渡辺・232頁〔木棚〕、溜池・472頁）、また、認知主義をとる法制にとっても、事実主義に基づく親子関係の成立は認知の妨げにはならないと考えられること（山田・487頁）から、このような場合には認知をすることができるものというべきである。

2 認知による非嫡出親子関係の成立

　先に少し触れたように、認知については通則法29条2項に特則が設けられている。すなわち、認知による非嫡出親子関係の成立については、子の出生当時の認知者の本国法（通則法29条1項前段）のほか、認知当時の認知者または子の本国法にもよりうるとし（同条2項）、選択的適用主義を採用している。これは、いわゆる「認知保護」の思想に基づき、認知の成立をできるだけ容易に認めようとするものである（南・後掲119頁、山田・484-485頁）。このような選択的適用主義の採用に対しては、国内事件との不均衡も指摘される（石黒・後掲35-36頁）が、立法者は、非嫡出親子関係成立の余地をより広く認めることが原則として子の利益にかなうと考えたということができるであろう（横山・後掲240-244頁参照）。けれども、たとえば子の成人後に親が扶養の目的で認知するなど、子が認知されたくないのに認知されるような場合には、認知の成立を容易にすることが必ずしも子の利益にかなうとはいえない。こ

の点、諸国の実質法においては、成年の子の認知につき子の承諾を要件とする法制（民法782条）や、母など第三者の同意を要求する法制が存在する。このような法制をもつ国の法が認知の準拠法として適用される場合には、これらの要件に関する実質法上の規定は当然に適用されることになる。しかしながら、選択的適用主義の採用によって認知の準拠法を複数にした結果、親の本国法のみによって認知が認められ、子の本国法上のこれらの要件が適用されない場合も考えられる。そこで、通則法29条1項後段、および同条2項後段は、認知当時の子の本国法が子または第三者の承諾または同意要件を認知の要件としているときは、その要件をも備えなければならないとして、子の本国法の累積的適用を定めている（いわゆる「セーフガード条項」）。これもまた、広い意味での子の利益にかなうものであるといえる。

　さらに、このような子の利益保護の趣旨を貫徹するために、本国法としての外国法への指定を実質法への指定と解しつつ、これらの法によって親子関係の成立が否定される場合に限って日本法への反致（通則法41条）を肯定する見解（横山・後掲244頁）がある。たしかに、選択的連結の場合に反致を認めることには立法論として問題がないわけではなく、反致の成立に目的的な限界をつけるような解釈をとることもありうる解決ではある（池原ほか・後掲36頁〔爛場発言〕）。しかしながら、段階的連結の場合のみを反致の対象から外す通則法41条の趣旨に照らし、同法29条についても反致の適用があると解するべきである（山田・485頁）。他方、セーフガード条項については、その準拠法指定の趣旨、すなわち特定国の実質法規の適用を強行し、それ以外の法律を基準としてはならないという趣旨から、反致を認めるべきではないとする見解（爛場・後掲105頁、南・後掲208頁）が有力である。もっとも、これに対しては、子の本国の国際私法から日本法への反致が認められている場合に日本法を適用することが、必ずしも常に子の保護に欠けることになるとは限らない、とする反対論もある（山田・486頁）。なお、通則法29条1項後段の規定の表現（「……子の本国法によれば……があることが認知の要件であるときは、その要件をも備えなければならない」）が、文理解釈として同法41条にいう「当

事者の本国法によるべき場合」にあたらないとの指摘がなされることもある（法例18条1項後段と同32条との関係について、南・後掲208頁参照）が、あくまでそれは、国際私法規定の表現の問題にとどまるというべきであろう（山田・486頁）。

設問において、たとえば、「私」が任意に認知をしない場合に、「子」が認知の訴えを提起できるかといった、いわゆる強制認知の許容性が問題となりうる。「子」の出生当時に「私」が日本人であれば、子の出生当時の父の本国法（通則法29条1項）である日本法により、子（その直系卑属またはこれらの者の法定代理人）は認知の訴えを提起することができる（民法787条）。他方、「子」の出生当時に「私」が外国人であり、子の出生当時の父の本国法である当該外国法によれば強制認知が認められない場合であっても、通則法29条2項に基づき、認知当時の子（または認知者）の本国法により強制認知が認められるならば、選択的適用主義によってそのような強制認知は認められることになる。

また、認知の撤回が認められるかどうか、認知の無効および取消しの問題も、認知の準拠法によることになる。この場合、認知の準拠法については複数の準拠法の選択的適用主義がとられているため、複数の準拠法により認知が認められるときは、それらすべての法によって撤回や無効または取消しが認められない限り、当該認知を無効とし、または取り消すことはできないというべきである（横山・後掲245頁）。認知を認めた法のうち、ある法によれば認知は無効とされるが、他の法によれば取り消しうるとされているときは、当該認知は取り消しうるにとどまるものと解される（木棚＝松岡・後掲116頁〔神前〕、南・後掲127-128頁）。このような解釈が、認知保護の趣旨にかなうものといえよう（以上、溜池・498頁、山田・487頁参照）。これに関連して、認知無効の訴えに出訴期間の制限がある場合に、選択的適用の対象となる法のいずれかでその期間を途過したときは、もはや認知無効を争いえないかどうかが問題となる。この点、選択的適用主義をとる通則法29条1項、および同条2項の趣旨から、選択的適用の対象となる法の中の一つでももはや無効を

争いえない場合には、認知は有効に成立したものと解されることになる（南・後掲128頁、山田・488頁。なお、認知無効の訴えの出訴期間の制限については、手続法上の問題と性質決定する議論もありうるが、実体法上の問題と解するのが通説である〔櫻田・私法判例リマークス6号161頁、三浦・ジュリ1002号266頁、三井・判時1424号166頁〕）。これは、認知の成立が子にとって利益になるという抵触法上の利益衡量により、認知の成立に複数の準拠法による選択を認めた結果である（櫻田・前掲163頁）。しかし、設問からはやや離れるが、たとえば平成元年改正前法例のもとでの事案である最判平3・9・13民集45巻7号1151頁のように、真実の親子関係がないにもかかわらず、もはや認知を争いえないとすることは、時に子の意思に反することも考えられる。そこで、先に述べたセーフガード条項の趣旨、すなわち、子の意思に反する認知の成立を防ぐという要請の観点から、認知当時の子の本国法によって子による無効主張が認められる場合には、子の出生当時または認知当時の認知者の本国法によって無効の主張が期間制限等によって認められない場合であっても、なお、子は、無効の主張をすることができると解釈する見解（櫻田・前掲163頁、早川〔眞〕・ジュリ1018号137頁）も主張されている。もっとも、通則法29条1項後段の規定の文言上、そのような解釈が可能であるかについては疑問の余地もあろう（山田・488頁）。

　認知の方式については、親族関係についての法律行為の方式に関する通則法34条による。したがって、本則としては以上に述べた認知の成立の準拠法によるほか、補則として、行為地法に適合する方式も有効となる。

　なお、親権者の決定や親権の内容および親権の消滅など、このようにして成立した親子関係の効力の問題については、通則法32条の定める準拠法による。身分関係の変動に伴う氏の変更についても、同条によるとする見解（木棚＝松岡＝渡辺・249-250頁〔木棚〕、山田・524頁）がある一方で、子の氏の決定は、子の氏名権の問題として、その子の本国法によるべきであるとする見解（溜池・516頁）も有力である。親族関係から生じる扶養義務については、もっぱら扶養義務の準拠法に関する法律1条以下による。

◆参考文献

烁場準一「法例の新規定における反致政策についての小論」川井健ほか編『講座・現代家族法第 1 巻』103 頁（日本評論社、1991 年）

池原季雄ほか「法例改正をめぐる諸問題と今後の課題」ジュリ 943 号 16 頁（1989 年）

石黒一憲「法例改正の意義と問題点―序説的覚え書きとして―」法時 61 巻 13 号 32 頁（1989 年）

神前禎『解説　法の適用に関する通則法―新しい国際私法―』（弘文堂、2006 年）

木棚照一＝松岡博編『基本法コンメンタール国際私法』（日本評論社、1994 年）

南敏文『改正法例の解説』（法曹会、1992 年）

横山潤「渉外認知事件の裁判管轄権とその準拠法」岡垣學＝野田愛子編『講座実務家事審判法 5　渉外事件関係』237 頁（日本評論社、1990 年）

17

> 私たち夫婦（いずれも日本人）は、なかなか子に恵まれず、友人の助言を受け外国にわたり、そこで生殖補助医療により子をもうけることができました。この子は、私たちの法律上の子となるのでしょうか。この子の国籍はどうなるのでしょうか

（生殖補助医療と法）

1 生殖補助医療をめぐる法的問題の国際性

　生殖補助医療、とりわけ代理懐胎については、現在のところこれを規律する法令はなく、日本法上これを許容すべきか否かについて検討が続けられているが、いまだ法制化には至っていない。ただし、産科婦人科の医師団体である日本産科婦人科学会が代理出産の施術を禁止する会告を出しているため、代理出産はわが国では現在事実上禁止されている。

　代理出産に関する各国の態度はさまざまであるが、これを認める国も少なからずある。そのため、代理懐胎が渡航して行われる事例は近時増加する傾向にあり、日本人が国外で代理懐胎を依頼した例は、すでに100例を超すといわれている。こうして、代理出産により生まれた子と依頼した者との間の親子関係の成立などの法的問題が国際性を帯びることとなる。

2 実質法上の問題

　まず、わが国の民法上代理出産により出生した子と卵子を提供した母との間には母子関係が成立するのだろうか。

　民法において、母とその嫡出子との間の母子関係の成立について直接明記した規定はない。ただし、民法772条1項は「妻が婚姻中に懐胎した子は、夫の子と推定する」と定めており、この規定は、懐胎し出産した女性が出生した子の母であり、母子関係は懐胎、出産という客観的な事実により当然に成立していることを前提としているようにも読める。また、母と嫡出でない

子との間の母子関係についても、判例上母子関係は出産という客観的な事実により当然に成立すると解されてきた（最判昭 37・4・27 民集 16 巻 7 号 1247 頁）。

とはいえ、民法制定や判決の言渡し当時、生殖補助医療技術を用いた人工生殖は想定されていなかったともいえる。学説の中には、この点を前提とし、わが国の民法上の解釈として、代理出産により出生した子と卵子を提供した母との間に母子関係の成立を認めるべきであると主張する見解も有力であった。

この点につき、近時最高裁は、実親子関係が公益および子の福祉に深くかかわるものであり、一義的に明確な基準によって一律に決せられるべきことを考慮すれば、現行民法の解釈としては、出生した子を懐胎し出産した女性をその子の母と解さざるをえず、その子を懐胎、出産していない女性との間には、その女性が卵子を提供した場合であっても、母子関係の成立を認めることはできないと判示した（最決平 19・3・23 民集 61 巻 2 号 619 頁）。

このように、最高裁は現行民法の解釈として代理出産により出生した子と卵子を提供した母との間の母子関係を否定したが、同時に、代理出産に関しては「立法による速やかな対応が強く望まれる」と付言した。結局、わが国実質法における代理出産の取扱いは、今後整備される立法次第ということになるだろう。

国による検討として、厚生科学審議会先端医療技術評価部会生殖補助医療技術に関する専門委員会「精子・卵子・胚の提供等による生殖補助医療のあり方についての報告書」（2000 年）を踏まえた厚生科学審議会生殖補助医療部会「精子・卵子・胚の提供等による生殖補助医療制度の整備に関する報告書」（2003 年）は、人をもっぱら生殖の手段として用いるものであること、第三者に懐胎・分娩という多大な危険性を負わせるものであること、配偶子・胚の提供者とは異なり、代理懐胎者は懐胎中に母性を育むことが予想され、依頼者との間で深刻な争いが生じる可能性があり、子の福祉の観点から望ましくないこと、を主な理由として代理懐胎を禁止すべきであるとした。また、2003 年 7 月、法制審議会生殖補助医療関連親子法制部会は「精子・卵子・

胚の提供等による生殖補助医療により出生した子の親子関係に関する民法の特例に関する要綱中間試案」を公表し、パブリックコメントに付したが、そこでは、「女性が自己以外の女性の卵子……を用いた生殖補助医療により子を懐胎し、出産したときは、その出産した女性を子の母とする」とされている。さらに、2008 年 4 月 16 日、日本学術会議は対外報告「代理懐胎を中心とする生殖補助医療の課題—社会的合意に向けて—」を公表したが、そこでも代理懐胎は原則として禁止する旨が示されている。このように、これまでの立法動向は、原則として代理懐胎を禁止する方向に進んでいる。

2 抵触法上の問題

　代理懐胎が渡航して行われる場合、行われた国または州の裁判所により、依頼者と出生した子との間の親子関係が確認される場合がある。この場合、外国裁判所により下される判断がわが国においていかなる効力をもつかが問題となる。

　代理懐胎に関する事例の中には、外国判決が存在しているにもかかわらず準拠法選択により判断した事例もないわけではないが（大阪高決平 17・5・20 判時 1919 号 107 頁、東京家審平 17・11・30 民集 61 巻 2 号 658 頁）、学説上の多数説は、特定の事実関係を対象として外国裁判所がすでに一定の法的判断を下している以上、外国判決承認制度に基づき民訴法 118 条に従って判断すべきであるとしており、近時最高裁もこの点を確認している（前掲最決平 19・3・23）。そこで、代理懐胎に関し親子関係を確認する外国判決が、民訴法 118 条が掲げる承認要件の一つ、「判決の内容及び訴訟手続が日本における公の秩序又は善良の風俗に反しないこと」(3 号) を満たすか否かが大きな問題となる。日本に居住する日本人夫婦が、ネバダ州で代理出産により出生した双子の子について、自分たちを父および母と記載して品川区長に提出した嫡出子としての出生届が受理されなかったことから出生届の受理を求めた事例において、この点が問題となった。ネバダ州裁判所の下した、日本人夫婦が出生した子らの血縁上・法律上の実父母であることを確認するという判断を承認するこ

とが、わが国の実体的公序に反しないかどうかが争われたのである。

東京高裁は、事案について個別的・具体的内容に即した検討を行った上で、本件裁判を承認することは実質的に公序良俗に反しないと判断し、品川区長に対して出生届の受理を命じた（東京高決平18・9・29民集61巻2号671頁）。

だが、最高裁は、次のように判示した。まず、実親子関係は公益に深くかかわる事柄であり、子の福祉にも影響を及ぼすものであるから、どのような者の間に実親子関係の成立を認めるかは、身分法秩序の根幹をなす基本原則ないし基本理念にかかわるとする。その上で、実親子関係を定める基準は一義的に明確なものでなければならないことを理由として、日本の民法が成立を認める実親子関係の範囲が民訴法118条3号にいう実体的公序の内容を構成するとしつつ、前述した日本民法の解釈に基づき、結局、本件裁判は、わが国における身分法秩序を定めた民法が実親子関係の成立を認めていない者の間にその成立を認める内容のものであって、現在のわが国の身分法秩序の基本原則ないし基本理念と相容れないものといわざるをえず、民訴法118条3号にいう公の秩序に反する、と結論づけたのである（前掲最決平19・3・23）。

このような最高裁の判断に対しては、とりわけ日本民法が成立を認める実親子関係の範囲が抵触法上の実体的公序の内容を構成するとした点に学説から批判が寄せられている。というのも、準拠法選択の局面では、法の適用に関する通則法28条が嫡出親子関係につき、子の出生当時における夫婦の一方の本国法で子が嫡出となるべき場合に嫡出親子関係の成立を認めており、日本法以外の外国法による嫡出親子関係の成立を一般的には認めているからである。最高裁のように、日本民法が成立を認める実親子関係以外にはその成立を認めないとすると、子の福祉の観点から嫡出親子関係の成立を容易にしようとする同法28条の趣旨が大きく妨げられることになりかねない（佐藤・後掲54頁）。最高裁が、代理懐胎による母子関係の成立という個別的な問題に絞り、その成立を認めることがわが国の身分法秩序の根幹をなす基本理念ないし基本原則にかかわるか否かという論じ方をせず、このように説得力に欠けるにもかかわらず実親子関係一般を問題とした背景には、代理懐胎の

是非について結論が出ていない現状において、できるだけ中立的な態度を示したいという配慮があったのではないかと推測されている（横溝・後掲21頁）。

ところで、最高裁は、わが国に所在する財産の相続に関し、海外に居住する外国人の実親子関係が問題となるような、関係当事者とわが国との関連性が弱い場合についても、およそ代理出産に基づく外国判決は実体的公序に反し承認されないとまで考えているのだろうか。このような場合の親子関係がわが国の「公益に深くかかわる事柄」ということができない以上、そうとまではいえないだろう。この事件において申立人らは日本に居住する日本人夫婦であり、わが国の身分法秩序との関係の強さが明らかであったため、最高裁は、事案とわが国との関連性の強さをといわば当然の前提とした上で判示したのであり、関連性が弱い場合には公序違反にならないと判断する可能性を否定してはいないと考えられる。ただし、どの程度わが国と関連性があれば代理懐胎制度に基づく外国判決を承認することがわが国の公序に反するのかは、今回の最高裁決定からは明らかではない。たとえば、日本人夫婦であっても代理懐胎を認める州に長く居住している者に関する場合や、夫婦の一方が日本人であっても海外に居住しているような場合において、代理懐胎制度に基づく外国判決が公序に違反するかという点は、今後の裁判所の判断により次第に明らかにされていくことになるだろう。

いずれにせよ、将来仮に代理懐胎がわが国においても立法により認められることがあれば、民訴法118条3号にいう公序に関する最高裁の判断もその後は維持されないことになる。この問題に関する今後の立法動向が注目される。

◆参考文献

佐藤文彦「いわゆる代理母に関する最高裁決定について―公序に関する判示の問題点―」戸籍時報614号51頁（2007年）

「特集・生殖補助医療の規制と親子関係法」法律時報79巻11号4頁以下（2007年）

「特集・生殖補助医療の法制化をめぐって―代理懐胎を中心に―」ジュリ1359

号 4 頁以下（2008 年）
日本学術会議生殖補助医療の在り方検討委員会対外報告「代理懐胎を中心とする生殖補助医療の課題―社会的合意に向けて―」（平成 20 年 4 月 8 日）
　http://www.scj.go.jp/ja/info/kohyo/pdf/kohyo-20-t56-1.pdf
横溝大「判批」戸籍時報 663 号 11 頁（2010 年）

18 甲国人男性との間に子が出生しました。出生届を出す必要があるのでしょうか

（外国人たる子の出生届、戸籍、氏）

まず、子の出生の時点で、その母が日本人である場合について、検討する。

② 子が日本国籍を有する場合における出生届の提出

このような場合、その子は日本国籍を取得する（国籍法2条1号）。このことは、その父母が婚姻しているか否か、あるいは嫡出子か非嫡出子かにかかわらない。このような場合、出生した子は、日本人として、当然戸籍に記載されるべきであり、出生届を提出しなければならない。

子が、出生の時点において、日本国籍に加えて、外国の国籍（たとえば、父または出生地の国籍）を併有することになるかもしれないが、そうであるとしても、このような処理がなされるべきことに、変わりはない（戸籍法49条2項3号参照）。このとき、出生の届出は、14日以内になされなければならないし（戸籍法49条1項）、子が外国で出生した場合であっても、3ヶ月以内に、届出がなされなければならない（戸籍法49条1項）。なお、出生により外国の国籍を取得した日本人が、外国で出生しているときは、戸籍法の定めるところにしたがった、日本国籍の留保を宣言しなければ、出生の時点にさかのぼって日本国籍を喪失することになる（国籍法12条）。

出生届には、子の男女の別、および嫡出子または非嫡出子の別が記載される（戸籍法49条2項1号）。ここに、嫡出子または非嫡出子の別は、通則法（および準拠法）によって判断されることになる。すなわち、子の出生当時の、夫婦の一方の本国法により、子が嫡出となるときは、その子は嫡出子となり（通則法28条1項）、非嫡出親子関係は、父との関係については子の出生当時の父の本国法に、母との関係についてはその当時の母の本国法により（通則

法29条1項前段)、認知による親子関係の成立に関しては、認知の当時の認知する者または子の本国法によることもできるが (通則法29条2項前段)、認知による親子関係の成立にあたっては、子の本国法上の同意要件等も満たされなければならない (通則法29条1項後段・2項後段)。もっとも、反致 (通則法41条本文) の成否や、公序違背による適用結果の排除 (通則法42条) など、検討すべき事項が多い (さしあたり、嫡出親子関係の成立については第15講を、非嫡出親子関係の成立については第16講を参照)。

出生届は、嫡出子の場合、父または母 (子の出生前に父母が離婚した場合には、母) がこれをしなければならず (戸籍法52条1項)、非嫡出子の場合、母がしなければならないが (戸籍法52条2項)、これらの者が届出をすることができないときには、まず同居者が、それがいない場合には、出産に立ち会った医師などが届出をしなければならない (戸籍法52条3項)。ここに該当する者が、外国にある外国人であっても、同様に届出義務を負うことになろう (佐藤＝道垣内・48頁〔西谷〕、68頁〔出口〕などを参照。ただし、異論はある)。もっとも、届出義務を負う者が、外国にある外国人の場合、届出義務の懈怠に対する罰則 (5万円以下の過料、戸籍法135条) の適用はないと考えるべきであろう。

届出は、子の出生地 (戸籍法51条1項) または届出人の所在地 (戸籍法25条1項) でしなければならない。これに加えて、子が外国で出生している場合には、当該外国にある日本の大使、公使、または領事に対して届出をなすことができるし、さらに、事件本人の本籍地に郵送することも可能とされよう (佐藤＝道垣内・8頁〔道垣内〕、44頁〔西谷〕)。

したがって、設問の場合、出生した子の母が日本人であることを前提とするならば、その母は、子が日本で出生したときには14日以内に、子が外国で出生したときには3ヶ月以内に、出生届をしなければならない。さらに、出生した子が嫡出子である場合には、その父である甲国人男性にも、これと同様に、出生届を提出する義務があることになる。そして、子が外国で出生しており、かつ、外国の国籍を出生時に取得している場合、しかるべき届出を怠れば、その子は日本国籍を喪失することになる。

❷ 子の氏名

　戸籍実務によれば、日本国籍を有する子の出生の届出があった場合、その子が嫡出子であるときは、戸籍筆頭者である日本人たる父または母の戸籍に入籍することとなり（佐藤＝道垣内・51頁〔西谷〕）、その子が非嫡出子であるときは、母の戸籍に入籍する（佐藤＝道垣内・72頁〔出口〕）。いずれにせよ、子は、入籍した戸籍の筆頭者と同じ氏を称することになる。そして、子の名には、常用平易な文字が用いられなければならない（戸籍法50条1項）。

　したがって、戸籍実務を前提とすれば、設問の場合、出生した子の母が日本人であることを前提とするならば、日本人たる子は、日本人たる母の氏を称することになる。命名については、主に文字に関する制限が考慮されることになろう。

　もっとも、出生による子の氏のいかん、および命名という点については、理論的には、婚姻の際に、夫婦の氏がどうなるのかという点と、ほとんど同様の問題構造が生じている。すなわち、国際私法的な処理を行わない戸籍実務と、これを行うべきであるとする見解との対立と、国際私法的な処理を行うべきであるとして、いかなる処理を妥当とすべきかという点に関する見解の対立とがある（第3講を併せて参照）。

　戸籍実務とは異なり、伝統的な国際私法上の議論によれば、通則法に、人の氏名に関する明文の規定はないものの、「人の氏名はその者の属人法（本国法）による」という不文の原則が存在することは、広く承認されている。このことを前提に、一方で、子の氏の決定は、もっぱら子の人格権である氏名権の問題として、その子の本国法によるべきであるとする見解（たとえば、溜池・516頁）がある。他方で、子が出生により親の氏を称すべきか否かは、親子間の法律関係の問題として、効力準拠法によるべきであるとする見解（たとえば、山田・559頁）がある（なお、明確ではないが、東京家審平4・6・22家月45巻11号47頁は、効力準拠法によるべきことを前提としているといえようか）。また、基本的に本国法によるべきであるとしつつも、当事者による効力準拠法の選択を認める見解（たとえば、木棚＝松岡＝渡辺・250頁〔木棚〕）が存在する。命

名については、わが国においてはほとんど触れられていないが、出生による氏のいかんと同様に処理されるべきことが念頭に置かれているであろう。

このように、いくつかの見解が存在するものの、現行の通則法を前提とする限り、いずれの見解によるとしても、結論はほとんど異ならない。すなわち、日本人たる子が外国籍を併有する場合、その本国法は常に日本法となる（通則法38条1項ただし書）。しかも、子が、出生に伴い日本国籍を取得するのは、その出生の時点で、その父または母が日本人であるときであるため（国籍法2条1号）、このとき、その子の本国法たる日本法と、日本人たるその父または母の本国法とが同一となるので、通則法32条により、日本法が、親子間の法律関係の準拠法となる。かくして、ほとんどの場合、いずれの見解によるとしても、日本法が準拠法となるであろう。

したがって、学説を前提とすれば、設問の場合、出生した子の母が日本人であることを前提とするならば、日本人たる子は、民法790条により、嫡出子は父母の氏を称し（1項）、非嫡出子は母の氏を称する（2項）。命名については、使用される文字の制限が考慮されることになろう。

このように、戸籍実務と学説との間で、大きな相違はないかのようにみえる。相違が顕在化するのは、民法790条1項の適用にあたり、その父母が異なる氏を称する場合において、日本人たる嫡出子の氏として、外国人たる父の氏を称する（そして、日本人たる母の氏を称しない）ということが可能かという点に帰着する。

これを否定する戸籍実務を前提とすれば、日本人たる子が、外国人たる父または母の氏を称するには、家庭裁判所の許可を得なければならず（戸籍法107条4項）、このとき、子について新戸籍が編製されることになる（戸籍法20条の2第2項）。これを肯定する場合には、戸籍法116条（ないし113条）により、外国人たる父の氏に、日本人たる嫡出子の氏を訂正することになるが、このときにも、新戸籍が編製されることになろうか。

❷ 子が日本国籍を有しない場合における出生届の提出

　子の出生の時点で、その母が日本人でない場合についても触れておく。

　このような場合、国籍法の定める要件は満たされておらず、その子は日本国籍を取得しない。異論はあるが、子が日本国籍を取得しない場合であっても、子が日本で出生しているときは、戸籍法が適用されると考えられるので（佐藤＝道垣内・1頁〔道垣内〕）、出生届は提出されなければならない（佐藤＝道垣内・42頁〔西谷〕）。これに対し、日本人でない子が外国で出生している場合には、戸籍法の適用はなく（佐藤＝道垣内・5頁〔道垣内〕）、出生届の提出を要しない。

　届出がなされても、外国人たる子については、戸籍は新たに編製されない。それでも、「戸籍の記載を要しない事項について受理した書類」として、10年間または50年間保存され（戸籍法施行規則50条）、受理された書類に記載された事項についての証明を求めることができる（戸籍法48条2項）。

　届出に記載される事項は、上述のところと同様であり、その子の男女の別、嫡出子と非嫡出子との別などである。嫡出子と非嫡出子との区別に関しては、「父母の双方が外国人であるときには、日本人が関与していないので戸籍への記載が問題とならず」、「創設的効果も問題とならないのであるから、明らかに疑義がある場合を除き、出生届書に記載されたとおりに嫡出子又は非嫡出子として出生届を受理して差し支えない」（佐藤＝道垣内・66頁〔出口〕）と指摘されている。このような扱いを前提とするならば、戸籍法48条2項で証明されるのは、届出書に、嫡出子として、あるいは非嫡出子として記載されれいているという事実にとどまることになる。

　なお、日本で出生した外国人たる子は、60日以内に外国人登録原票に登録されなければならず（外登法3条1項。なお、児童の権利条約7条1項をも参照）、その際に登録される氏名（外登法4条1項3号）とは、「その所属国の身分登録簿に登載され、公の機関によって表示される法律上の呼称」（外国人登録事務協議会全国連合会法令研究会・後掲25頁）である。戸籍への出生届にあたっても、この氏名が記載されることになろう（子が重国籍で、複数の国に所属して、それぞ

れの国で登録されている場合には、場合によっては複数の異なる氏名のうち、届出書に記載されたものとなろう）。

◆参考文献
外国人登録事務協議会全国連合会法令研究会編著『改訂外国人登録事務必携』
（日本加除出版、1993年）

19

甲国人女性との間に子どもが生まれました。私たちは、まだ結婚をしていません。子どもの国籍はどうなるのでしょうか。また、子どもが日本国籍を取得する方法はありますか

（子 の 国 籍）

2 夫婦関係のない男女間に生まれた子の国籍

　わが国の国籍法によれば、日本人の父親または母親から生まれた子どもは日本国民となるとされている（国籍法2条1号）。これは、日本人親との血のつながり、すなわち血統を根拠として日本国籍の取得を認めるものであり、血統主義と呼ばれている。また、日本国籍を取得するためには、父親または母親のどちらかが日本人であれば、その子どもは日本国民となる。このように、日本の国籍法は、国籍の取得について父方と母方の血統を区別しない、父母両系主義を採用している（第2講参照）。

　ところで、国籍法の条文にある「父又は母」は、法律的な意味での父または母である。つまり、単に父または母と事実上の血のつながりがあるということではなく、子どもが生まれた時点で、その子と日本人の父または母との間に法律上の親子関係が存在しなければならない。このように子と特定の者との間に法律上の親子関係があるか否かの問題は、それ自体が一つの独立した法律問題であり、設問のように、国籍が異なる者の間に子どもが生まれた場合には、渉外的な法律問題として、国際私法を通じて解決を図ることが必要となる。

　この点について、日本の国際私法である通則法では、夫婦間に生まれた子どもとその親との親子関係、すなわち嫡出親子関係については、子どもが生まれた当時の「夫婦の一方の本国法」によるとされている（通則法28条1項）。したがって、夫である父親または妻である母親のどちらかの本国法により親子関係が成立する場合には、子どもは夫婦の嫡出子となり、夫婦の一方が日

本人であれば、日本国籍を取得することになる（第2講参照）。一方、設問のように、父親と母親が結婚していない場合（非嫡出親子関係）については、それぞれの親ごとに親子関係の成立が問題となる。そこで、通則法は、父親との親子関係については、子が生まれたときの父の本国法によるとしている（通則法29条1項前段）。父親が日本人の場合、日本の民法では、非嫡出子は父親の認知が必要とされているため（民法779条）、父による認知がないと法律上の親子関係が成立せず、子どもは日本国籍を取得できないことになる。もっとも、日本法は、子どもが胎児の間でも父親が認知をすることを認めており（胎児認知、民法783条1項）、父親が胎児認知をしておれば、子の出生の時点で法律上父子関係が成立し、子どもは出生と同時に日本国籍を取得できると解されている（江川＝山田＝早田・66頁）。したがって、設問の場合、子どもが日本国籍を取得する一つの方法は、日本人の父親がその子を胎児の間に認知しておくことである。

2 子どもの認知と国籍

　子どもが出生後日本人の父親によって認知された場合、その子は日本国籍を取得するであろうか。日本の民法によれば、認知は子の出生のときにさかのぼって効力を生じるとされている（民法784条）。そうであるとすれば、国籍の取得に関しても認知の遡及効を認め、子の出生の時点で親子関係が成立するとして、国籍法2条1号により日本国籍を取得すると解することが考えられる（奥田・後掲120頁）。しかし、次の理由から、通説は、国籍の取得に関して認知の遡及効は認められないとしている（江川＝山田＝早田・67頁）。すなわち、第一に、沿革的な理由として、戦後に制定された現行の国籍法（昭和25年）では、旧国籍法で認められていた認知による国籍取得の制度（旧国籍法5条）が廃止されたことである。したがって、特別な規定がないにもかかわらず、認知の場合に当然に日本国籍の取得を認めることはできないとされる。また、第二に、より実質的な理由として、認知の遡及効を認めると、認知があるまで非嫡出子の国籍は事実上確定しないことになり、そのような

不安定な状態は国にとっても本人にとっても好ましくないからである。さらに、第三の理由として、後述のように、昭和59年の国籍法の改正で、準正による国籍取得の規定が新設されたが、認知の遡及効を認めた場合には、この規定が実質上無意味なものとなるからである。最高裁判所も、主として国籍の早期確定の要請を理由として、認知に遡及効を認めない結果、非嫡出子が日本国籍を生来的に取得できないとしても、非嫡出子を不合理に差別することにはならないとの判断を示している（最判平14・11・22判時1808号55頁）。認知は親の側からの一方的行為としてなされることを考えると、国籍の変動という重大な身分的事項につき、子ども本人またはその母親の意思を尊重し、国籍の当然取得を認めないことにも合理的な理由があるものと思われる（国友・後掲120頁）。その意味で、国籍の取得に関して認知の遡及効を否定する通説・判例の解釈は妥当なものといえよう。したがって、子どもが外国人の母親から出生した後に、日本人の父親が認知をしても、その子どもは当然に日本国籍を取得することはない。

　ところで、昭和59年の国籍法の改正において、夫婦関係にない者の間に生まれ、父親から認知された非嫡出子が、その父親と母親とが結婚することによって夫婦の嫡出子の身分を取得する、いわゆる準正が成立する場合について、その子どもは、法務大臣に届け出ることによって日本国籍を取得できるという簡易な国籍取得の制度が導入された（平成20年改正前国籍法3条1項）。この制度は、同じように日本人親の嫡出子であっても、子どもが生まれる前に両親が結婚しているときは当然に日本国籍を取得できるのに対して、出生後の準正によって夫婦の嫡出子になっても日本国籍を取得できないのは、両者間のバランスを欠くという理由から、新たに設けられたものである。しかし、このような準正による国籍取得制度の新設によって、今度は出生後に認知された非嫡出子との差異がクローズアップされることになった。すなわち、日本人の父親と外国人の母親との間に生まれた子どもの場合、夫婦の嫡出子であれば、出生により当然に、あるいは準正による場合には届出によって日本国籍を取得できるのに対して、出生後に認知された非嫡出子は、帰化によ

る以外、日本国籍を取得する方法がないからである。国籍の取得における、こうした嫡出子と非嫡出子との取扱いの相違に対しては、その合理性をめぐって学説上も見解が分かれていたが、少なくとも立法論としては、憲法14条および「児童の権利に関する条約」2条が定める法の下の平等原則の趣旨などからみて、国籍法3条の改正が必要であるとする見解が多数であった（江川＝山田＝早田・88頁、国友・後掲113頁）。

　このような状況を背景として、最高裁判所大法廷は、平成20年6月4日、国籍法3条1項を違憲とする判決を下した（民集62巻6号1367頁）。同判決で、最高裁判所は、届出による国籍の取得を準正された子どものみに認める国籍法3条1項は、同規定が制定された当時の社会通念や社会的状況のもとにおいては血統主義を補完するという立法目的との間に一定の合理的関連性があったが、その後の社会的、経済的環境等の変化に伴って、そうした関連性は失われており、今日では、同規定は、日本国籍の取得につき合理性を欠いた過剰な要件を課すものとなっているとして、憲法14条1項に違反すると判断した。その上で、同規定を全面的に無効とするのではなく、過剰な要件に相当する部分、すなわち、「父母の婚姻により嫡出子たる身分を取得したという部分」を除いた所定の要件が満たされるときは、同規定に基づいて日本国籍の取得が認められると判示した。

2 届出による国籍の取得

　最高裁判所による違憲判決を受けて、直ちに国籍法が改正され（平成20年法88号）、出生後に日本人の親から認知された子どもについても、法務大臣に届け出ることによって日本国籍が取得できるようになった（改正法の内容については、秋山・後掲2頁以下参照）。すなわち、出生後に日本人の父親によって認知された子どもは（母親が日本人である場合は、子どもの出産という事実によって親子関係が発生するため、通常は出生のときに子どもは日本国籍を当然に取得する）、次の条件をすべて満たせば、法務大臣に届け出ることにより、日本国籍を取得することができる（国籍法3条1項）。

① 届出のときに20歳未満であること。
② 出生のときに、認知した父親が日本人であったこと。
③ 届出の時点でも認知した父親が日本人であること（父親がすでに死亡しているときは死亡当時日本人であったこと）。
④ これまでに日本国籍を取得したことがないこと。

届出ができる者を20歳未満に限定しているのは、親子が同一の国籍であることが望ましいのは子どもが未成年の時期であること、この場合の日本国籍の取得は元の国籍の喪失を要件としていないため重国籍が発生する可能性があるが、未成年の間であれば重国籍が重大な支障をもたらすことは少ないことなどを考慮したものである（江川＝山田＝早田・89頁）。また、この制度は、血統主義の補完という観点から、出生後に日本人親との親子関係が成立した子どもについて、届出という簡易な方法による国籍の取得を認めるものであるので、父親は子どもの出生の時点だけでなく届出の時点でも日本人であることが要件とされている。一方、日本に住所があることは要件とされていないので、海外において、日本の在外公館で届出をすることも可能である（国籍法施行規則1条）。

国籍取得の届出は、事柄の重要性を考慮して、届出をする者が法務局、地方法務局または在外公館に自ら出頭し、書面によってしなければならない（国籍法施行規則1条3項）。届書には、次の書類を添付するものとされている（同条5項）。

① 認知した父または母の出生時からの戸籍および除かれた戸籍の謄本または全部事項証明書
② 国籍を取得しようとする者の出生を証明する書面（出生証明書、出生届の記載事項証明書など）
③ 認知に至った経緯等を記載した父母の申述書
④ 母が国籍の取得をしようとする者を懐胎した時期にかかわる父母の渡航履歴を証する書面
⑤ その他実親子関係を認めるに足りる資料

⑤の資料としては、外国の方式による認知証明書、子どもの父親の日本における居住歴を証明する書面（母親が子どもを妊娠した時期以降のもの）、子ども自身およびその母親の外国人登録原票に登録された事項に関する証明書（登録時からの居住歴が記載されたもの）、子どもとその父母の3人が写った写真などが例とされている（平20・12・18民一3300号通達）。親子関係の証明に関してこのように厳重な資料の提出が要求されているのは、不正な国籍取得を目的とした虚偽の認知が行われることを防止しようとしたものである。この問題は、国籍法改正の際の国会審議でも論議を呼び、国籍取得届について虚偽の届出をした者は1年以下の懲役または20万円以下の罰金に処する旨の規定が新設された（国籍法20条1項）。

なお、国籍法の改正によって、出生後に認知された子どもについての取扱いが大きく変わったことから、経過措置として、改正された国籍法の施行日である平成21年1月1日から3年以内に限り、施行日前に国籍取得の届出を行った時期に応じて、国籍取得を認める特例を定めている（附則2条・3条）。また、施行日前に国籍取得の届出を行っておらず、改正法施行後に子どもが20歳に達してしまった場合には、前述の要件を満たさないことになるが、施行日から3年以内に限り、国籍を取得できるよう特例が認められている（附則4条）。

2 簡易帰化

日本国籍をもたない外国人であっても、日本と特別な血縁または地縁のある者については、帰化の条件が緩和され、またはその一部が免除されている。これを簡易帰化と呼んでいる。

国籍法の改正によって、日本人を父または母とする子どもは、多くの場合、出生のときまたは国籍取得の届出により日本国籍を取得できるようになった。しかし、国籍法3条1項の要件を満たさない場合、たとえば、子どもが生まれた当時その父親が外国籍であった場合や、子がすでに20歳に達している場合には、国籍取得の届出を行うことができない。したがって、そのような

ケースでは、日本国籍の取得は帰化によるしかない。国籍法によれば、日本国民の子で、日本に住所がある場合は、居住条件（引き続き 5 年以上日本に住所を有すること）、能力条件（20 歳以上で本国法によって行為能力を有すること）および生計条件（自己または生計を一つにする配偶者その他の親族の資産または技能によって生計を営むことができること）を満たさない場合でも、法務大臣は帰化を許可することができると定めている（国籍法 8 条 1 号）。これは、日本との特別な血縁関係を考慮して、帰化の要件を緩和したものである。もっとも、前述の届出による国籍の取得とは異なり、帰化を許可するか否かはあくまでも法務大臣の裁量による点は注意を要する。

◆参考文献
秋山実「国籍法の一部を改正する法律の概要」ジュリ 1374 号 2 頁（2009 年）
奥田安弘『家族と国籍〔補訂版〕』（有斐閣、2003 年）
国友明彦「家族と国籍」国際法学会編『日本と国際法の 100 年第 5 巻　個人と家族』99 頁（三省堂、2001 年）

20 日本に住む米国人夫婦が、日本人である私の子を養子に迎えたいといっています。どうすればいいでしょうか

（養子縁組）

　養子縁組は、血縁上親子関係のない者の間に人為的に親子関係をつくる制度であるから、いまもってこのような制度をもたない国もあれば、これを認める国の間でも、国（制度）ごとの違いが大きいという特徴がある。縁組がどのような方法で成立するかに関する、当事者間の契約（合意）による成立を認める「契約型」と裁判所等の機関の決定あるいは判決によるとする「決定型」の違い、縁組の効果に関する、養子と実方の血族との親族関係を断絶させる「断絶型」とそうでない「非断絶型」の違いなどが、そのような違いの代表例として、よく人口にかいしゃしている。

　本問の話題は日米間の養子縁組であるが、米国（州）の（実質）養子法は、こうした分類からいえば、「決定型」「断絶型」に属する（養子が未成年の場合）。というよりも、いまでは「現代養子」の属性のようにいわれる、この型の養子縁組は、19世紀中葉、米国（州）でつくられた制定法に端を発するのである。

　これに対して、わが国の養子法は伝統的には「契約型」「非断絶型」であり、一定の場合に必要とされる家庭裁判所の許可も、米国の養子決定（決定型の場合にのみ使われる言葉、縁組自体がこれによって成立する）に比べれば、いたって消極的な関与に過ぎない。もっとも、昭和63年以後は、「決定型」「断絶型」の特別養子も行われているが、全体の中に占める、その割合は小さい（たとえば、平成22年の統計でみると、届出総件数8万3228のうちの325が特別養子である）。

　国際養子法の研究には、こうした彼我の養子制度に対する認識が不可欠で

ある。また自国の制度はその国民の養子観とも呼応しているから、縁組にかかわるものが、自己の養子観のみにとらわれていると、とりかえしのつかない失敗をすることがある。

2 養子縁組の準拠法

　渉外的な縁組が日本で行われる場合、日本の国際私法の定めに従わなければならないのはいうまでもない。中でも、「養子縁組は、縁組の当時における養親となるべき者の本国法による」という規定（通則法31条1項前段）が重要である。決定型では方式（同34条）が問題にならないので、養親の本国法が米国（州）法の場合は、要件、効果（直接的効力）のほとんどがこの規定だけですむことになる。養子縁組が養子決定によることを含めて米国法によって要件審査され、断絶養子が成立することになるわけである（この最後の点については31条2項に注意的な規定もある）。日本で縁組が行われ、養子が日本人だというのに（設問）、このように養親の本国法が選ばれているのは、養子縁組によって養子は養親の家族の一員になるのであり、養親の利害にかかわるところが大きいとみられるからである。

　ただし、次の二つを加える必要がある。

　一は、いわゆる養子の保護要件（本人の同意、実親の同意など）については、養子の本国法も累積的に適用されること（31条1項後段）。これによって、前段の養親の本国法主義が養子の保護を欠かす結果にならぬよう、ガードするので、セーフガード条項といわれる。

　二は、41条があるので、同条が適用されるときは、日本法が準拠法になることに変わってくることである。たとえば、養親の本国の国際私法が養親（子）の住所地法主義をとり、その国の住所概念に従った住所をその者が日本に有しているときは、「その国の法に従えば日本法によるべきとき」にあたるから、「日本法による」（例、東京家審昭61・1・28家月38巻5号90頁）。では、養親の本国法が米国法であるときは、どうなるのだろうか。実は、これについては、従前から、米国法からの反致を肯定するもの（東京家審昭35・2・8家

月 12 巻 5 号 171 頁、山田・後掲 141 頁など）と否定する（横浜家横須賀支審平 7・10・11 家月 48 巻 12 号 66 頁、多喜・後掲争点 84 頁など）二様の解釈があって、平成元年の法例改正後は肯定論が低調化の傾向にあるが、それでも青森家十和田支審平 20・3・28 家月 60 巻 12 号 63 頁、平 8・8・16 法務省民事局二課長回答民事月報 51 巻 10 号 167 頁にみるように、いまだに帰一していないのが実情である。

2 隠れた反致

このように解釈が分かれるのは、米国法の次のような事情に由来する。

すなわち、この国では、養子縁組が（諸州の）制定法上の制度であり、制定法は原則としてその法域内で効力をもつことから、裁判所は、養子決定の申立てがあると、もっぱら自州に裁判管轄権があるかどうかのみに留意し、それが肯定されると、常に自州法を適用する。いわば、管轄規則のみがあって抵触規則がないのである。

そこで、このような体制からは、反致の生ずる余地がないというのが反致否認論、それでも、承認規則なども含めて、これらを全体的にみるときは、その管轄規則（当事者の住所に認める）の中に「養子縁組は当事者の住所地法による」という国際私法規則が隠れているとして反致（隠れた反致）を認めるのが反致肯定論である。

それでは、わが国の学説判例は大きくこの二つに分かれるだけで、反致肯定論の内部は一色なのかというと、そうではない。たとえば、個々のどのような場合に隠れた反致が生ずるかについて、在来型の多くの審判例（前掲平成 8 年の戸籍先例も）と最近の青森家十和田支審平 20・3・28（前掲）を比べると、前者が、日本に米法上の管轄権が認められるときは、（それが唯一なものでなくとも）米国法上、法廷地法すなわち日本法の適用が命じられている場合であるとして反致を肯定するのに対して、後者は、反致を認めるに際し、日本が唯一の管轄国であることを強調している。この後者の主張（競合管轄の場合は反致を認めない）は、これに従うときは、反致の機会がよほど少なく

なる点、反致肯定論の中では否認論寄りのものである（それゆえ中間説といわれる）が、学説の中にも、このような場合に限って、隠れた反致を肯定するものがある（溜池・169頁、櫻田・111頁など）。

２ 準拠法の適用

　反致があれば、設問の場合は、すべて（保護要件も含めて）日本法となるから、その適用に格別の問題は生じない。

　しかし、反致がなく、日本の裁判官が米国法によって養親子関係を形成していかなければならないときは、手続法（日本法）が米国法に見合っていない関係で、特別の困難に遭遇することがある。米国の養子決定をいったい日本で実行できるのか、いかにして実行するのかがその典型例で、とくに、これは、昭和62年12月31日以前、わが国に養子決定型の審判のなかった時代には、より答えることの困難な問題であった。現に学説の中には、わが国の裁判所が米国法に従って縁組を成立させようとしても結局この点で挫折せざるをえないとするものがあった（池原・後掲9頁など）。しかし、家裁の審判はかなり初期の段階から米国法を準拠法にしながら縁組許可の審判をすることに積極的であり、それを後押ししたとみられるものに次の議論がある。それは、養子決定をわが国の手続の中で実行しようとする場合、決定を、実質的成立要件たる裁判所など公機関の関与部分と形式的成立要件たる方式の部分に「分解」して考え、前者は家庭裁判所の許可審判、後者は戸籍官掌者への届出によって代行させることができるとするもので、分解理論といわれるものである。しかし、それでは米国法によって縁組を成立させることにはならないという溜池（509頁）や、そのようなやり方で米国法の要求する子の福祉審査を十分になしえたのであろうかという多喜（後掲100年157頁）の批判にみるように、それがどこまで正しい解決であったかは疑問である。ただし、現在は、わが国にも試験的養育の後に家庭裁判所の審判によって縁組を成立させる養子決定型の手続があるのであるから、そのレールの上で、適宜これに、たとえば米国（州）法が試験養育の期間を1年、調査者を養子あっせん

機関としているときは、わが国でも6ヶ月でなくて1年、家庭裁判所調査官が調査を行うといった、変容を加えながら、米国法の実現に努めれば、日本の裁判所が米国の養子決定を行うことに従前ほどの困難はなくなったということができよう。横浜家横須賀支審平7・10・11（前掲）は養親が設問と同じ米国（ワシントン州）人の場合にこの成立審判のなされた事例、京都家審昭63・6・28家月40巻12号44頁、東京家審平元・10・24家月42巻7号47頁、高松家審平6・1・13家月47巻12号47頁などは、米国人の例ではないが、準拠法上の養子決定につき、上に例示したような調整を試みながら、成立審判の行われた例である。

2 養子縁組事件に対するわが国裁判所の裁判管轄権

このように、縁組の成立に裁判所が関与する場合、裁判所が行動を起こす前提として裁判管轄権が問題になる。明文の規定がないので、条理によって合理的な解決を図るしかない。

ただし、設問の場合は、全当事者が日本に居住しているから、わが国の管轄権が肯定されることにあまり問題はない。問題は、わが国が養親となる者または養子となる者の一方の住所地でしかない場合であるが、この場合も、管轄を認めるのが多数説である。審判例の中にも、東京家審昭42・12・19家月20巻7号68頁（養親のみの住所を基準）、岡山家審昭53・10・6家月32巻1号169頁（養子のみの住所を基準）など、これによっていると思われるものがある。しかし、これは、その各々が管轄の基準として十分な適性を備えているからではなく、養親のみの住所地国には養子側の、養子のみの住所地国には養親側の調査にそれぞれ隘路がある。このような短所のある基準は、できればせまく、せめて日本が養子の住所地国である場合に限るのがよい（多喜・後掲100年170頁）とか、少なくとも特別養子事件はわが国に養親の住所がある場合でなければならない（早田・後掲18頁以下）といった説があらわれるのはそのためである。しかし、隔地的養子縁組の場合は、両方の国で縁組手続をしなければならないことも、それほど珍しいことでない現在の状況

のもとにあっては、管轄権はやはり多数説のようにゆとりをもたせておく方が便宜であろう。そうして、上述の隘路をおぎなうためには、別途、1993年ハーグ「国際養子縁組に関する子の保護及び協力に関する条約」が意図しているような国際司法共助態勢の進展が望まれるところである。

2 国籍や戸籍のこと

　最近は、養子縁組とともに、養子に養親の国籍を与える国も少なくない（ベルギー、イタリア、ドイツなど）が、日米の国籍法は、まだそのような自動的な国籍変動を予定していない。そこで、米国人夫婦の養子になった日本人は、依然日本人として戸籍に残ることになるが、その記載の仕方は（現行の実務によれば）大略次のようである。

　すなわち、日本人同士の縁組であると、養子は従前の（多くは実親の）戸籍から——普通養子は直接、特別養子は戸籍法20条の3によってつくられる新戸籍を介して——最終的には「養親の氏を称」して「養親の戸籍に入る」（民法810条、戸籍法18条3項）が、外国人が養親の場合は入るべき戸籍がないので、結局、従前の氏のまま、上の実親の戸籍（日本法〔反致〕による普通養子の場合）または戸籍法20条の3の新戸籍（日本法による特別養子、米国法による断絶型養子の場合。この後者の場合も、上の特別養子に準じて扱うことにしたのが、平6・4・28民二2996号通達）に残ることになる。この新戸籍の父母欄に記載されるのは（実父母との関係が断絶するので）むろん養父母の名のみであるが、縁組の事実が記載されるので、全く新たな出生証明書が発行される米国とは大差がある。しかし、ここは国際私法の埓外（公法）の領域であるから、縁組が米国法に従ってなされたとしても、米国法が範となるわけではない。氏についても、戸籍実務は、（多数の学説と異なり）日本人の氏は国際私法の埓外の問題であるとする。日本人養子が外国人養親の氏を称するには氏の変更が必要である（戸籍法107条4項）。

◆参考文献

池原季雄「養子縁組の成立に関する国際私法上の二、三の問題」家月6巻7号1頁（1954年）

司法研修所編『渉外養子縁組に関する研究―審判例の分析を中心に―』（法曹会、1999年）

多喜寛「隠れた反致」澤木敬郎・秌場準一編『国際私法の争点〔新版〕』84頁（有斐閣、1996年）

多喜寛「国際養子縁組」国際法学会編『日本と国際法の100年第5巻　個人と家族』152頁（三省堂、2001年）（多喜寛編著『国際私法・国際取引法の諸問題』139頁〔中央大学出版部、2011年〕にも所収）

早田芳郎「国際私法における特別養子縁組」家月40巻4号1頁（1988年）

山田鐐一「養子」山田鐐一＝澤木敬郎編『国際私法演習』135頁（有斐閣、1973年）

21 私の妻は、イラン人です。妻には5歳になる妹がいますが、私たち夫婦は彼女を養子にすることができますか

（夫婦共同縁組）

　夫婦共同縁組という言葉は、たまたま私の手もとにある辞書では、次のように解説されている。

　「夫婦共同縁組　普通養子縁組で養子になる者が未成年者の場合、養親になる者に配偶者がいるときには、原則として夫婦が共同で養親にならなければならない（民795）。養子となる者が成年者の場合、夫婦共同縁組の必要ないが、原則として養親にならない配偶者の同意を得なければならない（民796）。両者の差異の根拠は、未成年者の福祉に求められる。ゆえに、特別養子縁組では、必ず夫婦共同縁組でなければならない（民817の3）」（『コンサイス法律学用語辞典』三省堂）。

　これは日本民法を基礎にした説明なので、渉外家族ではどうなるかが問題となろう。本問はこれに関係する。そこで、ここでは、内外人夫婦があって、日本民法の内容は上の通りだが、配偶者の本国法によれば、養子となる者が未成年者の場合でも、配偶者の同意を得るだけでよく、夫婦共同縁組の必要はない、養子となる者が成年者の場合は配偶者の同意すらいらない。そうすると、上の説明がどうなるか、ということを（設問のほかに）もう一つ、念頭に置くことにしよう。

　なお、設問に選ばれているのは日本人イラン人夫婦の例であるが、イランは養子縁組の禁止国として知られている。厳密には、イランは宗教により身分法を異にする人的不統一法国であり、その全部で縁組が禁止されているのではないようである。しかし、イランを代表するのはイスラム教であって（国教である）、縁組禁止はその教義に基づく。そして、国民の9割以上がイ

スラム教徒だというから、設問のイラン人もこうした典型的なイラン人と考えていいだろう。そうすると、本問は、日本法によれば夫婦共同縁組が必要なのに、配偶者の本国法には養子縁組制度がない場合として設定されていることになる。

　ちなみに、ここにあるような、外国人女と婚姻した日本人男が夫婦共同で妻の国から養子を迎えるという縁組パターンは、近頃、わが国で行われる国際養子縁組の中で、最も数の多いものである。外国人配偶者の国籍がバラエティーに富んでいるのも特徴の一つで、イスラム教国（イラン、パキスタン、エジプトなど）関係の夫婦共同縁組にしても、公刊されている1件（宇都宮家審平19・7・20家月59巻12号106頁）に、未公刊のもの（大村・ジュリ1140号150頁、同・ジュリ1267号211頁、奥田・後掲359頁などにその報告がある）も加えると、すでにかなりの数の審判例の存在が知られている。その中にはイスラム法の適用を公序（通則法42条）により排斥したものがある。公序がもう一つのキーワードになるゆえんである。

2　夫婦共同縁組の準拠法

　立法例の中には、ドイツ国際私法（「養子縁組は、縁組の当時における養親の本国法による。夫婦の一方または双方による養子縁組は、第14条第1項の規定に従い婚姻の身分的効力に適用される法による」民法施行法22条）のように、養親が夫婦の場合の縁組準拠法を単身の場合と区別して定めているものもあるが、わが通則法はこのような例によらない。条文としては、単身、夫婦にかかわりなく、「養子縁組は、縁組の当時における養親となるべき者の本国法による」（31条。ただしセーフガード等関係の少ない部分は省略。もっとも、それは夫婦共同縁組には適用されないという意味ではないから、念のため）というのが一つあるだけである。こういう場合は、本講で扱われる問題は、すべて解釈の問題になる。通常、この解釈には、次の三様があるといわれる。

　その一は、二つの本国法（養父の本国法と養母の本国法）を累積的に適用し、縁組しようとする夫婦のいずれもがこの二つの本国法の定める要件を満たさ

なければならないというもの（累積的適用説）で、縁組の成立を困難にする欠点があるが、夫婦共同縁組を一体のものとみたとき、むしろ自然に流出するのが、この解釈であろう。現に、オーストリアで同国国際私法26条1項に付されている解釈（Schwiman, IPR, 84 など）、ドイツでも（条文がわが国のものに近かった）旧法時の解釈はむしろこれが通説であった。

　その二は、夫婦共同縁組を養父子関係と養母子関係に分断して考え、養父の本国法は養父に、養母の本国法は養母にのみ適用し、それぞれについて養子縁組が認められれば夫婦共同縁組を認めるもの（配分的適用説、個別的適用説）で、比較法的には「異例」（横山・後掲219頁）といわれながら、わが国で、判例学説を通してほとんど独占的に通用しているのがこの説である。たとえば、前掲宇都宮家審平19・7・20はイラン人夫と日本人妻が夫の妹の子であるイラン人未成年者を共同して養子にしようとした例であるが、養父子関係にはイラン法を、養母子関係には日本法を適用して縁組の成否を検討している。戸籍実務の運用また然りであり、「夫婦共同縁組をする場合における養親の本国法は、それぞれの養親についてそれぞれの本国法であり、一方の本国法を適用するにあたり、他方の本国法を考慮する必要はない」と戸籍のいわゆる基本通達（平元・10・2法務省民二3900号通達第五の一㈢）は述べている。

　その三は、第三の解決を考えるもので、わが国では、夫婦の婚姻の身分的効力の準拠法によるべきとする、最近の森田教授の新説（百選・131頁、森田・後掲49頁）がその好例である。これによれば、夫婦の一方または双方が縁組しようとする場合、まず婚姻の身分的効力の準拠法によって、単独縁組が可能か共同縁組が強制されるか等が判断されることになる。それは、この問題に対して回答を与える準拠法は、夫婦の一体性の利益からして、夫婦に共通した単一の法でなければならないという考えに基づくのである。ただし、条文から隔たりすぎるからであろうか、同様の結論（婚姻の身分的効力の準拠法説）を立法論としていう人はあっても（中西・民商135巻6号981頁など）、解釈論として唱える人は少ない。

2 通説（個別的適用説）による冒頭に示した二問題の解

そこで、前出（本解説の冒頭）二つの問題場面における法状態を、とりあえず通説によって示すと、次のようになる。

まず、夫婦共同縁組を必要とする日本人と必要としない外国人の夫婦例については、日本人の方は、自分が養親になろうとする限り、夫婦共同でしかすることができないが、外国人配偶者の方は単独縁組もできることになる（山田・505頁）。このことは、前掲戸籍の基本通達にも、前引用の文に続けて、「配偶者のある者が単独縁組をすることができるかどうかは、当該者の本国法による。配偶者または養子の本国法が夫婦共同縁組を強制していても、これを考慮する必要はない」とある通りである。

次は、婚姻した外国人妻の本国法に養子縁組制度のない場合であるが、この場合は、これによって、夫婦共同縁組が成立しえないのはいうまでもない。日本人夫が単独縁組できるかどうかだけが残ることになるが、日本民法795条ただし書（必要的夫婦共同縁組の除外事由）に該当するのでない限り、その余地もないというのが通常の答えとなろう（山田・505頁、溜池・510頁）。

しかし、これに関連して一言すべきは、養子にしようとする未成年者が妻の連れ子の場合である。夫の単独縁組によっても未成年者を夫婦共通の子にすることができる場合なので、夫婦共同縁組の必要をこの場合は緩和する法制が少なくない。現行日本民法においても、連れ子が嫡出子の場合は上記除外例に該当するから、日本人夫が単独縁組できるのは当然として、非嫡出子の場合も、（妻の本国法に養子制度がないなどの場合）上記ただし書を類推して単独縁組できるとする解釈があり（澤木＝南・後掲176頁、渉外判例百選〔第3版〕・147頁〔木浪〕など）、現に戸籍実務はこの解釈で運用されている（佐藤＝道垣内・118頁〔佐藤〕、渉外戸籍実務研究会・後掲35頁）。しかし、それは、養子にしようとする子が妻の連れ子だからなのであるから、そうでない場合にまでみだりに拡張できない解釈であるのはいうまでもない（ただし、奥田・後掲366頁）。設問はこの後の場合である。

2 養子制度をもたない外国法の適用と公序

そこで、このように、準拠外国法が養子縁組を認めない場合には、養子となるべき者の利益のために、公序条項によりその適用を排除できないかということが問題になる。

公序というのは、所定の準拠法を具体的事案に適用した結果が内国の私法的社会生活の秩序からしてとうてい受け入れられない場合に、国際私法がその適用結果をくつがえすために用意した、「最後の緊急脱出装置」(道垣内)である。そして、その例外的位置づけからして当然に、その使用はできるだけ抑制的にというのが多数説である。

まず、養子制度をもたない法制は、現在の国際社会の中で少数派なのかもしれないが、そのことを理由に公序を援用することができないのはいうまでもない。通則法42条の公序良俗は民法90条の公序良俗（国内的公序）と区別する意味で国際的公序といわれることがあるが、それは、そのような国際社会（普遍社会）の公序を意味するものではない。私法的生活関係が国家単位で営まれている現状のもとにおいては、外国法の適用を排除する公序良俗の基準も、日本は日本の私法的社会生活の秩序なのだというのが通説である。

また、公序は、外国法の内容を抽象的一般的な形で問題にするものでない。条文にもあるように、排除の対象になるのは、外国法を当面の具体的事案に適用した結果なのであるから、外国法の規定の内容が明らかに日本の公序に反する場合（例、一夫多妻制）でも、その適用がA事件では公序違反となり、B事件ではならないことがある（溜池・213頁に詳しい）。まして、養子制度がないからといって、それが日本の公序に反するとはいえまい。それは、それだけ具体的事案との関連が重要になるということである。

そうして、一般に、このような事案の反公序良俗性には、事案が内国社会と深い関連を有し（内国関連性）、かつ、具体的事情において外国法の適用が著しく不当な結果をもたらす場合でなければならない（結果の異常性）とされている。内国関連性というのは、たとえば東京家審平7・11・20ジュリ1140号150頁（エジプト人日本人夫婦が日本の母子保健院から引き取って育てている

日本人未成年者を養子にしようとした事件）の例でいうと、関係者がいずれも日本に居住し、養父となる者を除いて全部日本人である、養父となる者も、すでに長期間妻と同居し、十分な収入があり、日本での生活が安定している、そうしていずれ日本に帰化する意向であるといったことであるが、これと比べると、設問の場合は内国関連性が相対的にうすくなる。だから、日本で縁組を成立させても、おそらくイランでは承認されないから、そのことも考慮して結論を出さなければならないことにもなるわけである。また、結果の異常性は、たとえば縁組ができないことがいかに苛酷な結果を未成年者におよぼすかといった判断であるから、これまた、事件ごとの、具体的個別的事情に依存するのはいうまでもない。

準拠外国法の適用を公序に反するとして排除したときは、日本法を適用して事後処理をするのが大方の裁判例であるが、学説では、公序条項の適用後に法規の欠缺が生じるかということが議論になっている。公序の判断が上に述べたように個別具体的なものだとすると、当面の事件で縁組を許さないことが公序に反するというときにはすでにそれを許すという判断が含まれているはずだから、準拠法の欠缺を云々する余地はないのではないかというのである（もっとも離婚禁止の例などと異なり、縁組の場合は、この点、それほど単純でないことにつき、大村・前掲ジュリ1140号152頁も参照）。

◆参考文献

奥田安弘『国際法・国際家族法の裁判意見書集』359頁（中央大学出版部、2010年）

澤木敬郎＝南敏文編著『新しい国際私法—改正法例と基本通達—』174頁以下（南）（日本加除出版、1990年）

渉外戸籍実務研究会『設題解説渉外戸籍実務の処理Ⅴ　養子縁組編』35頁（日本加除出版、2008年）

森田博志「夫婦関係にある者による養子縁組の準拠法と夫婦の一体性の利益」千葉大学法学論集19巻3号49頁（2004年）

横山潤『国際家族法の研究』211頁以下（有斐閣、1997年）

22

私の子が、数年前に米国人夫婦の養子に迎えられたのですが、うまくなじめないようです。養親子関係の解消を考えているのですが、どのようにしたらいいでしょうか

（離　縁）

各国の養子縁組制度の違い

　各国の養子縁組制度は、第20講にあるように、その考え方、内容をかなり異にする。そうした違いが、離縁という場面においても大きく影響する。わが国で長く採用されてきた「契約型」養子縁組は、前述のように、当事者の合意にその親子関係の基礎を置く。これに対して、米国の諸州が採用する「決定型」養子縁組は、裁判所等の公的機関の決定にその基礎を置く。これを踏まえていえば、前者においては、親子関係の基礎をなす「合意」が崩れれば、それを存立させるあるいはそれを正当化する根拠がなくなるため、その養親子関係の解消という考えに行き着く。これに対して、後者においては、いったん下された公的機関の決定がなくなることはなく、またそれが間違いだったという判断も原則ありえないため、その親子関係の存立の根拠が失われることはない。すなわち、養親子関係の解消という考え方は出てこない。考えてみれば、親子関係というものはその存否が当事者の意思に委ねられるべきものでなく、そもそも、それは運命的、宿命的なものである。そうだとすれば、「決定型」養子縁組のスタンスが、本来の親子関係に近いといえるのかもしれない。

　しかし、わが国は、繰り返しになるが、長く養親子関係の解消がありうる養子縁組制度を採用してきている。昭和62年に導入された、実親およびその親族との関係を終了させる特別養子縁組においても、きわめて限定された形で（養子の利益のための）解消が認められている（民法817条の10）。

2 離縁の準拠法

通則法においても、離縁は、一つの独立した単位法律関係を形成している。そして、それは養親の本国法によるとされる（通則法31条1項・2項）。実は、平成元年法例改正以前も、離縁は養親の本国法によるとされていた（改正前法例19条2項）。しかし、当時のそれは、離縁当時の養親の本国法であった。これに対し、現在は、文言を正確に紹介すれば、31条2項で離縁は「前項前段の規定により適用すべき法」によるとし、その前項前段では「縁組の当時における養親となるべき者の本国法」とされている。すなわち、離縁は縁組当時の養親の本国法によるとする。要するに、通則法は、養子縁組につき、成立の準拠法と解消の準拠法を同一のものによらしめている。これは、成立の要件と終了の要件に相関関係があり、それらを整合させる必要があるからであると説明されている（南・後掲151頁）。

3 「決定型」養子縁組の解消

やや古いが、米国人夫婦の養親と日本人養子の離縁が問題となった事例（青森家八戸支審昭33・10・24家月10巻12号94頁）を紹介したい。

昭和32年に、日本在住の米国人夫婦X1・X2が日本人幼児Zを養子に迎えたところ、Zが同年12月頃「近い将来において快復の希みのない病気」となってしまった。その後、Xらは帰国することになったが、米国大使館が、この病気を理由にZに対して米国入国のための査証を与えなかった。他方で、Zの実母は、Zを引き取り養育することに異論はない。

こうした中で、XらはZを本国に連れて行くことができないため、青森家審八戸支部に離縁の申立てをしたのが本件である。

前述したように当時の離縁の準拠法は、離縁当時の養親の本国法であり、本件の場合、米国南カロライナ州法であった。同法においても、離縁制度がなかった。

養親子関係を運命的、宿命的なものと捉える決定型養子の合理性は認めるものの、およそ当事者も予期しえなかったことが発生し、（本件のように）親

子関係の解消が問題となる場合がある。養親は連れて帰りたくとも連れ帰ることができず、また、このまま放置すれば、実母のもとに帰りそこで養育されることも法律上難しいという状況である。

　外国法が準拠法となることが当然の前提となっている国際私法では、日本民法とは異なる結果になることは、十分予想されるところである。とはいえ、当該外国法の適用を指示しているのは、日本法たる日本の国際私法である。日本の法の立場からみておよそ是認できないような結果が、日本法たる国際私法の指示のもと現出するのも適切ではない。こうした場合に、次に述べる「公序」という概念で、準拠法たる外国法の適用を排除する考え方がある。

2 公　　序

　国際私法というものが、単位法律関係ごとに連結点を媒介に客観的に、抽象的に、換言すれば法の内容を事前にチェックすることなく、準拠法を決定するという構造をもっているがゆえに、論理的には、最終結論は準拠法を適用した結果、はじめてわかるものである。このため、当事者がおよそ予想もしなかった結論が導き出されることがある。たとえば、婚姻の成立は当事者の本国法によるため、本国法の内容次第では一夫多妻婚が日本国内で行われうることになる。こうした結論は、日本の私法的社会秩序を脅かすことになる。こうした場合に備えて、通則法は、「外国法によるべき場合において、その規定の適用が公の秩序又は善良の風俗に反するときは、これを適用しない」（42条）と定め、場合によっては通則法の定める準拠法を適用しないことを認めている。これを、公序則と呼ぶ。

　では、どのような場合が公序に反するといえるのか。条文がシンプルであるため、条文から直接にその基準ないし要件を導き出すのは難しい。その点については、一般に、次の二つの要件が重要とされている（その他の要件も含め、山田・142頁、澤木＝道垣内・61頁参照）。

① 　外国法適用結果の異常性
② 　内国社会との牽連関係

公序則は、外国法の内容を批判するものではない。外国法の内容は、各国主権の行使の結果であり、日本がとやかくいうべき筋合いのものでもない。ここでのポイントは、その外国法が適用された結果、そこに日本の法秩序からして放置できない事態が発生し、これに対処しようという点にある。①は、そのことを意味する。加えて、放置できない状況も、必ずしも一義的に決定できるものではなく、放置できるか否かの判断も、四囲の状況にもより、自ずと相対的にならざるをえない。同じ事態でも、日本社会との結びつきの強さにより、その異常性の評価も変わってくることになる。それを意味するのが、②である。

　日本の裁判例において、この公序がしばしば問題とされてきた事案としては、離婚制度をもたないフィリピン法が離婚の準拠法となった日本人女とフィリピン人男の離婚事件、および1990年改正以前の韓国民法が適用された親権者決定事件がある。後者の例では、準拠法とされた当時の韓国法では、離婚後の親権者は父と法定されており、そうした法の適用およびその結果が公序に反するかどうかが問題となった。この点については、それが公序に反するとした最高裁判決（最判昭52・3・31民集31巻2号365頁）が出され、その結果、その後多くの下級審判決および戸籍実務が、この考えを前提とする対応を行い、多くの場合に母を親権者としてきた。一方、前者の事例は、最高裁判決こそ出されなかったものの、公序違反として離婚を認めた下級審判決は枚挙にいとまがない。ただ、いずれの事例も、今日では、あまり問題とはならない。というのも、前者のようなケースでは、平成元年の法例改正以後、そのほとんどで準拠法が日本法になり、また、後者の事例では、1990年の韓国民法の改正で離婚後の親権者は当事者の協議ないし裁判所の判断で決定されることになり、制度的には父でも母でもなりうるようになったからである。

　前記青森家八戸支審は、結局、公序を理由に米国法の適用を排除し、離縁を認めた（三井・渉外判例百選〔増補版〕124頁は、この事案で公序を発動したことを強く批判する）。その後も、米国人を養親とする養親子関係で離縁が認められ

ないのは公序に違反するとして、米国法の適用を排除し離縁を認めた審判例が続いている（たとえば、水戸家審昭 48・11・8 家月 26 巻 6 号 56 頁、那覇家審昭 56・7・31 家月 34 巻 11 号 54 頁等）。設問の事例も、公序則を適用し、米国法の適用を排除することにより、離縁すなわち養親子関係の解消を図るほかないように思われる。

　フィリピン法による離婚事件や離婚後の親権者を父のみとする韓国法適用事件が内外の法律改正によりなくなってきたため、今後は、離縁や、近時、公序判断が散見される養子縁組のケースで公序則の議論が展開されていくかもしれない。

◆**参考文献**
南敏文『改正法例の解説』（法曹会、1992 年）

23

日本に住む米国人男性です。中国人の妻との間に子が一人います。妻との離婚および子の親権者を自分にするよう裁判所に申し立てるつもりです。どうなりますか

（親子関係）

本講の課題は親子関係である。そこで、設問に従ってこれから検討されるのは、離婚に伴う親権者の指定を中心に、その渉外問題、裁判管轄権と準拠法の問題である（離婚については第12講、第13講を参照）。裁判管轄が（いまから訴えを起こそうとする者にとっては）自分の訴えが日本で裁判してもらえるかどうかの問題、準拠法が（管轄権が肯定されたとき）日本の裁判所が事件（実体）に適用するのはいずれの国の法であるかの問題であるのはいうまでもない。

2 親権者指定事件の裁判管轄権

親権者の指定・変更（監護権、面会交流権者の決定・変更も含む）事件の裁判管轄権については、わが国において直接これを定めた法規はなく、最高裁判所の判断もまだ示されていない。

しかし、子が日本に住所（常居所）を有する場合にわが国に裁判管轄権を認めることについては、裁判例の多くがこれを肯定し、学説にも異論がない。子の福祉を適正に判断し、最もよくそのニーズに応えうるのは子の住所地国だからである。これは、また、1996年のハーグ子の保護条約（「親責任および子の保護処置についての管轄権、準拠法、承認、執行および協力に関する条約」）5条1項にみるように、すでに国際的にも定着した原則であるといってよい。しかし、他にも管轄を認めてよい国があるか、子の住所概念、たとえば子の奪取が介在する場合に、子の住所をいかに限界画定するかなどにはまだ問題が残されており、とくに設問との関係では、離婚に付随して親権者が問題になるときは、離婚の管轄権が肯定されれば、それだけで親権者指定の管轄権を認

めてよいかが問題になる。

2 親権者指定が離婚に付随してなされる場合の離婚法廷地の裁判管轄権

事実、この場合は、親権者指定部分の管轄権を取り立てて問題にしないものまで含めると、従来は、多くの裁判例が肯定例であり（松原・後掲216頁以下に詳しい。最近も、名古屋地判平11・11・24判時1728号58頁、東京地判平16・1・30判時1854号51頁など）、学説の中には、準拠法となる実体法が、わが民法のように、離婚判決において親権者を定めることを必要的なものとしているときは、訴訟手続法の助法的性格からいって、親権者指定の管轄権を別建てで論ずる余地はないと説くものさえあった（加藤＝渡辺・ジュリ291号76頁）。しかし、最近の学説の趨勢は、むしろ、この場合も含めて、両者の裁判管轄権を各別に考える見解の方が有力化している（道垣内・後掲473頁、河野・後掲187頁など）。この傾向はすでに審判例にも投影され、複数いる子のうち日本に居住する子についてのみ監護決定をした東京家審昭44・6・13家月22巻3号104頁のあるのが注目される。

だいたい、以上がわが国の現況であるが、ここはもう一つ、中間の道もあるのではないか。たとえば、前掲ハーグ子の保護条約は、当事者双方（父母）がこれに合意し、かつそれが子の利益にかなうことを条件にして、離婚訴訟国にも裁判管轄権を認めている（10条）。2003年ブラッセルⅡbis規則12条も同趣旨である。このような立法例は、われわれにとっても参考になるものがあろう。

3 親権者指定事件の裁判管轄権に関するもう一、二の話題

最近のわが国の裁判例の中には、被告の住所地国もこの種の裁判の管轄国に加えてよいとするものがある（東京高決平17・11・24家月58巻11号40頁など）。しかし、親子関係の存否、離縁のような原被告対立型（石黒・後掲338頁のいう対等当事者類型）の争訟ならばともかく、いま問題にしているような事件に

ついてこれをいうのはいかがなものか（林・民商136巻6号756頁なども同じ疑問を述べる）。

　次は、いま引いたばかりのハーグ子の保護条約、欧州規則から取り出す話題であるが、この条約、規則は、いわゆる子の奪取があった場合は、奪取先の国に子の常居所が生じても、直ちには管轄権を認めず、一定の加重要件（関係者の全員がその管轄権を認めるか、子がすでに1年以上新常居所地国に居住し、この間に監護権者からの返還申立てがなく、子が新しい環境に順応した）が備わってはじめて生ずるという（そういった意味での、子の常居所〔管轄〕原則に対する、もう一つの）例外をつくっている。旧常居所地国の管轄権を強化（持続）したもので、1980年ハーグ子の奪取条約を下敷きにしたものである（この条約が、奪取の場合は、可及的すみやかに子をもとの常居所国に戻し、実質的な子の監護裁判は旧常居所地国で行うのを念頭に置いたものであることは、周知のことであろう）のはいうまでもない。

　わが国においても、子の住所の解釈として、奪取の場合はもとの国に残ることを主張するものがあった（鳥居・ジュリ483号160頁）が、これに対しては、一種の法定住所を認めることになるとして、反対がつよい（河野・後掲184頁など）。ただ、上のような法制と比べたときに思うのは、わが国ではとかくそれだけで議論が終ってしまって、子の奪取に対する対抗策を裁判管轄論の中でとるのかどうか、とるとすればどういう形になるのかについて、まだ定説といえるほどのものがないことである。設問からは離れるが、いまホットな問題と思われるので（たとえば、最近の東京高決平20・9・16家月61巻11号63頁、横浜家小田原支審平22・1・12家月63巻1号140頁やこれに対する北坂・民商142巻2号253頁、高橋・戸籍時報674号48頁などの判批を参照）、一言した次第である。それでは、裁判管轄はこのくらいにして、話を準拠法に移そう。

2 離婚に付随してなされる場合の親権者指定の準拠法

　親権万般の問題は「親子間の法律関係」に関する通則法32条の本来の守備範囲であるから、親権者の指定（変更）が離婚との直接の関係なしに生じ

たときは、同条によることに誰も疑いをいだかない。ところが、こと離婚に際して問題になったときのみは、多くの実質法が離婚の効力として親権問題を扱かっていることの反映であろうか、国際私法においても、これを（といっても多数説は親権の帰属のみに限ってであったが）離婚の効力として離婚準拠法のもとに置く解釈の方が長らく支配的であった。しかし、それでは本来分かち難い親権の帰属と内容の問題が分断されることになるといった批判の声が高まり、現在では、離婚の場合も通則法 32 条を適用することに判例・学説・戸籍実務が一致し、ほとんど異論をみない。それには、平成元年の法例改正が、親子間の法律関係の準拠法を親の本国法から子の属人法に改めたことによる後押しも大きかったとみられている。これにより、離婚準拠法の決定が夫婦の利害に着目し、親子準拠法の決定が子ども中心に考えられていることが規定の上でもはっきりしたからである（百選・137 頁〔多喜〕参照）。

❷ 設問の場合の親権者指定の準拠法

通則法 32 条の準拠法はいわゆる段階的連結により、一次的に選ばれているのは子の本国法である。ところが、設問には子の国籍がしるされていない。そこで、関連があると思われる国の国籍法を検索してそれをわりだす作業からはじめなくてはならないが、この例では、米国国籍法と中国国籍法を調べるだけですむだろう。そうすると、通常、この子は、米国そうでなければ中国の、いずれにしても単独国籍者とみられる。というのは、米国国籍法は、生地主義と血統主義を併用し、米国人親が一定の条件（例、最低 5 年——うち 2 年は 14 歳後——の本国滞在歴）を満たすときは、米国外で生まれた子にも米国籍を与えているので（米国移民および国籍法 301 条(g)項）、これに該当するときは、子は米国籍である。そして、もう一つの中国国籍法も、血統主義なのである（4 条・5 条）が、この方は、中国人親が中国外に定住し、子が中国外で生まれると同時に外国籍を取得しているときは、中国籍を取得しないことになっている（5 条ただし書）。そこで、（子が中国生まれであるとか、母が日本と中国の間を行き来して外国に定住していなかったというような場合でない限り）子が米国籍を

取得したか否かにより、米国（父と同じ州）法または中国法が準拠法になるといってよいであろう。

2 準拠法の適用

　日本法では子どもに対する親の権利義務を親権と呼び、離婚によって、婚姻中の共同親権から、離婚後は単独親権へと必ず移行する。しかし、比較法的には、このような法制は近時退潮の傾向にあることが指摘されている（田中・法律時報83巻12号25頁など参照）。

　米国（州）法も、日本法の親権（身上監護権）に相当するのは監護権（custody）であるが、現在までにほとんどすべての州で離婚後の共同監護が認められ、従来からの単独監護権者（非監護権者には面会交流権）を決定する方法と併用されている。もっとも米国法は州ごとに異なるから、共同監護を優先させるもの、させないもの等、そのありようは一つではない。また、そのいずれにしても、その具体的な監護の仕方を、離婚に際して詳細、当事者間で、養育計画（parenting plan）として取り決めるのが普通になっているようである（山口亮子・民商136巻4・5号578頁以下）。

　また、中国法には、親権の概念がなく、それに該当するのは父母の有する、子（未成年者）の法定監護人（中国民法通則16条）としての地位に基づく個々の職責や権利義務であるが、父母に対等に与えられ、離婚によって影響を受けない（婚姻法36条1項、「撫養および教育の権利義務」また同様である、同条2項）。ただ、離婚は、いやおうなしに子の養育方法に変化を生じさせるので、同条3項が、単に離婚後未成年の子と生活をともにし、これを直接撫養する者について、「離婚後、授乳期間中の子は、授乳する母親によって養育されることを原則とする。授乳期後の子について、父母双方の間に養育問題で争いが生じ、協議が達成できないときは、人民法院が子の権益および父母双方の具体的状況にもとづいて判決する」と規定するのみである（加藤・後掲171、178頁）。

　設問の場合も、たとえ離婚は日本法でも（通則法27条・25条）、親権については、このような米国法、中国法に従わなければならないわけである。そこ

で、準拠法が中国法の例でいうと、たとえば、次のような結果が生ずるであろう。まず、たとえ夫婦が、夫（父）を親権者と定めて協議離婚することに合意し、離婚届を提出しても、離婚は有効でも、親権者指定部分は効力を生じない。戸籍実務上も、この部分を削除させてから受理するのが正しい扱いとされている（佐藤＝道垣内・271 頁〔佐藤〕、渉外戸籍実務研究会・後掲 39 頁）。また、家裁に親権者指定の申立てが出されても、家裁のなしうるのは、前述婚姻法 36 条 3 項にいう撫育者の決定のみである。このことは、名古屋家豊橋支審平 10・2・16 家月 50 巻 10 号 150 頁、前橋家審平 21・5・13 家月 62 巻 1 号 111 頁などの裁判例が一致して認めるところといってよい。

◆参考文献
石黒一憲『現代国際私法〔上〕』337 頁（東京大学出版会、1986 年）
加藤美穂子『中国家族法〔婚姻・養子・相続〕問答解説』171、178 頁（日本加除出版、2008 年）
河野俊行「子の養育・監護・引き渡し」国際法学会編『日本と国際法の 100 年 第 5 巻　個人と家族』177 頁（三省堂、2001 年）
渉外戸籍実務研究会『設題解説渉外戸籍実務の処理Ⅶ　親権・後見・死亡・国籍の得喪・氏の変更等編』39 頁（日本加除出版、2010 年）
道垣内正人「親権者の指定・変更の裁判管轄と準拠法」判タ 747 号 472 頁（1991 年）
松原正明「渉外的子の監護紛争の処理」岡垣學＝野田愛子編『講座実務家事審判法 5　渉外事件関係』213 頁（日本評論社、1990 年）

24

> 米国人男性と結婚し、その間に子も生まれたのですが、別れることになりました。離婚裁判の進行中に、子どもを連れて日本に帰ってきました。その後、離婚判決を得た夫が、子どもを引き渡せと要求しています。私たちは、どうなるのでしょうか

（子の奪い合い）

　別居または離婚に伴い、父母の一方が、他方のもとから子を連れ去るとか、連れ去られた子を奪い返すようなことがある。設問は、国際的場面でのそうした事例である。

　こうした子の奪い合いが発生すると、子は安定した心理的親子関係や生活環境を失い、精神的負担はきわめて大きい。設問のように国際結婚の破綻による国境を越えた奪い合いは、文化や言語、生育環境の違いなどが大きく、問題はいっそう深刻かつ複雑な様相を呈する。また、こうした場合、一般に迅速かつ適切な司法的解決が望まれるが、もし父が米国で子の引渡しを求める根拠となるような判決を得たとしても、その効力はそれ自体では日本に及ばないので、直ちに結着には至らない。

　このような場合に、すでに父が米国裁判所で子の引渡しを命じる判決（外国給付判決）を得ているときは、①日本の裁判所にこの米国判決の承認と執行を求めることがある。また、父があらたに日本で子の引渡しを請求する主な司法的手段として、②父を子の親権者または監護権者として指定し子の引渡しを命じる家事審判（民法819条5項・766条1項、家審法9条1項乙類、家事審判規則70条・53条）の申立てと、③人身保護法に基づく人身保護請求（2条）による方法とがある。

　以下、それぞれについて説明する。

2 米国判決の承認・執行

　父がもし米国において単独監護権（sole custody）または共同監護権（joint custody）を認められていれば、子の引渡しを命じる米国判決を得ていることがある。この判決は裁判所が後見的作用を営む外国非訟裁判であり、その承認・執行を求められた場合、わが国にはこれに関する明文規定がない。そこで、承認・執行の可否を判断するにあたり、その要件が問題となる。なお、子の引渡し請求は離婚判決に伴ってなされることも多いが、その認否は、離婚自体とは区別される子の監護に関する事項なので、米国離婚判決の承認とは切り離して考える必要がある。

　外国非訟裁判の承認・執行の要件については、今日、外国訴訟判決と同様に、手続法のレベルで捉えるのが一般的である。その場合に、外国非訟裁判にも外国訴訟判決の承認・執行の規定（民訴法118条、民事執行法24条3項）が適用されるかどうかが争われている。この点、訴訟と非訟を明確に区別し、外国非訟裁判の承認については、条理により訴訟判決の承認に関する要件の一部のみを準用し、判決国の国際裁判管轄の要件（1号）と公序の要件（3号）の充足をもって足りるとする見解が有力である（山田・531頁等。また東京高判平5・11・15高民集46巻3号98頁）。これに対して、非訟事件の多様性から、争訟性の高い非訟裁判については、被告に対する送達の要件（2号）と相互保証の要件（4号）も含めて、民訴法118条を直接適用ないし準用すべきであるとの見解も有力に主張されている（渡辺・ジュリ1046号298頁等。なお傍論ながら最判平22・8・4裁時1513号1頁・判時2092号96頁）。この見解に従えば、子の引渡し請求事件のような争訟性の高いものには民訴法118条の要件すべてが適用されることになろう。ただし、設問では、送達要件等は充足されていると考えられるので、両説で結論に違いはないであろう。

　なお、子の引渡しを実現する執行方法としては、日本でも最近では直接強制も多く用いられるようになってきている。設問においても、民事執行法24条3項に基づく執行判決により、直接強制がなされることも想定される。

　これに対抗するためには、子を連れ帰った日本人母は、承認・執行の要件

を満たさないことを立証する必要がある。現実には、とりわけ公序要件が重要となろう。この点では、執行結果が子の福祉に反するかどうかを判断する際に、外国判決後に生じた事情を考慮しうるか否かについて見解が分かれている。①外国判決の自動的承認制度採用の趣旨を重視し、公序審査基準時を外国判決確定時とする見解（渡辺・ジュリ1046号298頁等）と、②実際の執行結果を重視して承認審査時とする見解（櫻田・ジュリ1024号299頁等）とがある。判例には、子の現状に着目し、米国人父への引渡し命令の執行は子の福祉に反する結果をもたらし公序良俗に反するとしたものがある（前掲東京高判平5・11・15）。後者の見解に従うものといえ、このような立場では、設問においても、長期間、子が日本で生活していたような場合には、引渡しは子の福祉に反する有害な結果につながり、公序要件を満たさないものとされる可能性が大きくなろう。

2 家事審判の申立て

家事審判の申立てによるときには、そもそも日本の裁判所に当該事件を処理する権限があるのか（日本の国際裁判管轄の有無）、あるなら従うべき準拠法はいずれかといった問題が生じる。

設問において、米国人父や父に対抗する日本人母が家事審判を求める場合は、日本が国際裁判管轄を有することが必要であるが、関連する加盟条約にも国内法にも、その点に関する明文規定はない。そのため、当事者間の公平、手続の適正・迅速等の理念に基づき、条理によって決められることになる。子の福祉を基準とした判断が求められる子の監護事件においては、子の住所地国に国際裁判管轄を認めるべきであるとするのが、判例（東京家審昭44・6・20家月22巻3号110頁、神戸家伊丹支審平5・5・10家月46巻6号72頁等）・通説（道垣内・後掲472頁等）である。子の住所地国であれば、その生活状況を把握しやすく、迅速な手続により適正な判断を行うことが可能となるからである。そのようなことから、常居所地国も含まれると解してよい（道垣内・後掲473頁等）。

設問の場合には、現に子は日本に安定した形で居住していることから、住所地国を日本とすることができよう。したがって、国際裁判管轄が認められる可能性が高い。ただし、米国で離婚した後、共同監護権を有する日本人母が、子を連れて日本に一時帰国後すぐに（米国判決の約1ヶ月後）、家庭裁判所に監護権者変更の申立てをした事案で、米国判決に対する違反行為の存在・滞在の期間等を重視して日本の国際裁判管轄を認めなかった例がある（東京高決平20・9・16家月61巻11号63頁）。設問の事情と近いものがあり、留意を要する。

　日本の国際裁判管轄が認められた場合、準拠法については、通則法32条に基づき、親子の一致する本国法を適用するのが第一段階となるが、設問では子の国籍が明らかではない。

　子が二重国籍（日本・米国）の場合には、重国籍者の本国法について定める通則法38条1項ただし書により、母と一致する日本法を適用することになる。この場合に、米国離婚判決が承認されるときは、日本では子の単独親権者を指定する必要があるので（民法819条）、米国人父は親権者としての指定とともに子の引渡しを命じる家事審判（家審法9条1項乙類）や審判前の保全処分（家審法15条の3、家事審判規則70条・52条の2）を求めることが考えられる。もし米国離婚判決が承認されない場合には、監護権者としての指定とともに子の引渡しを命じる家事審判（民法766条1項・2項、家審法9条1項乙類）等を求めることになる。父に対抗する日本人母は、米国離婚判決が承認される場合に自己への親権者指定の家事審判を、米国離婚判決が承認されない場合には自己への監護権者指定の家事審判を申し立てることが考えられる。日本では、こうした家事審判の場合、子の福祉を基準として、いずれが子の親権者・監護権者としてより適格かが判断され、子の引渡し請求の認否が導き出される。

　これに対して、たとえば子が日本国籍を留保しておらず（国籍法12条）、米国籍のみである場合には、父親と一致する米法（州法）が適用されることになる。米国では、ほとんどの州が離婚後の共同監護権を認めている（棚村・

後掲80頁)。米国人父に単独監護権または共同監護権が認められた場合には、子の引渡し請求が認容されうる。

もし出生地等の関係で、子の本国法が父親とも一致しない場合には（なお通則法38条3項参照)、準拠法は第二段階として常居所地法となる。日本が子の常居所地と認められれば、日本法が適用され、前述と同様の処理となる。

2 人身保護請求

人身保護法に基づく人身保護請求は、本来、不当な身柄拘束から被拘束者を比較的簡易な手続で迅速に解放するための応急的手段である。そのぶん、迅速な救済が可能なので、子の奪い合いを解決する手段として用いられることがある（最判昭24・1・18民集3巻1号10頁、最判昭43・7・4民集22巻7号1441頁等)。国境を越える子の奪い合いにおいても、拘束者である一方の親と被拘束者である子が日本に所在している場合には、通常の国内事件と同様に扱われる（最判昭60・2・26家月37巻6号25頁参照)。人身保護請求による方法では、判例上、監護権の所在が請求の認否等に影響を与えうるため、監護権の帰属に関して、ここでも外国判決の承認や準拠法の問題が生じる。

人身保護請求の認否については、共同監護権者間の争いの場合は、「夫婦のいずれに監護せしめるのが子の幸福に適するかを主眼」として判断されてきた（前掲最判昭43・7・4等参照)。他方、監護権者から非監護権者に子の引渡しを請求する場合には、「双方の監護の当否を比較衡量したうえ、請求者に幼児を引き渡すことが明らかにその幸福に反するものでない限り」、請求を認めることができるものとされてきた（最判昭47・7・25家月25巻4号40頁)。

なお、近年では、共同監護権者間の事案については、微妙で難しい判断が求められるのに人身保護手続が応急的で家庭裁判所の管轄でないことなどを考慮して、その利用を制限する判例が登場している（最判平5・10・19民集47巻8号5099頁、最判平6・4・26民集48巻3号992頁等)。しかし、監護権者から非監護権者への子の引渡し請求に関しては、従来通り、人身保護手続が広く利用できる（最判平6・11・8民集48巻7号1337頁等)。人身保護手続によるときに、

親子　149

監護権の所在が重要な要素であることに変わりはない。そのため、国境を越える子の奪い合いにおいて、外国裁判所ですでに監護権の帰属が判断されている場合は、その点が人身保護請求の帰趨に影響を及ぼすことがある。

設問では、もしすでに単独監護権者を父とする米国判決が得られており、日本でそれが承認された場合、子の引渡し請求は認容されやすいであろう。同様の事案で、人身保護請求の認容の可能性を示唆している判例がある（前掲最決平22・8・4）。承認要件を満たさない場合または監護権者を父とする米国判決が得られていない場合には、監護権の帰属は準拠法によって決することになる。その準拠法の決定に関しては前述の通りである。ただ、いずれの国の法に従うにせよ、監護権の所在が共同か未決定の段階においては、共同監護権者間の争いとして扱われ、原則として人身保護請求は認められないであろう。

2 ハーグ条約

国境を越える子の奪い合いに関しては、なお「国際的な子の奪取の民事面に関する条約（Convention on the Civil Aspects of International Child Abduction）」がある。現段階では、日本は批准していないが、一定の評価を得ている（2011年7月現在の締約国数は86ヶ国）。同条約は、1980年にハーグ国際私法会議第14回会期において採択された。異なる法システムや社会構造等の壁によって生じる救済困難な事態を打開し、国境を越えた子の奪い合いを阻止する手段として設けられたものである。常居所地国へ子を即時に返還するための手続を提供することによって、奪取による有害な結果から子を保護することを目的とする。

同条約によれば、締約国のいずれかに不法に子を連れ去られたと主張する者は、行政協力の中心的機関である中央当局に子の返還を確保するための援助を求める申立てを行うことができる（8条）。申立て後、自主的な子の返還が難しい場合などには、締約国の司法機関または行政機関によって、原則として子の即時返還が命じられる（12条1項）。この返還命令は、監護権

(custody）にかかわる本案決定に最適な管轄に子を戻す命令に過ぎないとされている。返還が拒絶される例外事由には、奪取後1年が経過し子が新しい環境になじんでいる場合（12条2項）、子の返還が子の身体もしくは精神に危害を及ぼす場合（13条1項b号）等があげられる。これらの例外事由は厳格に解釈される傾向にある。

　日本が同条約を批准していない理由としては、家庭内暴力や虐待の環境に戻してしまう懸念、子の返還費用の問題、国内法の未整備などがあげられている（織田・後掲47頁）。しかし、欧米諸国からの加盟要請が年々強まるなか、2011年5月、ついに日本も締結の方針を閣議了解した。仮に日本が批准した場合には、設問において、中央当局に父親が子の返還を申し立てたときは、帰国後1年以内であれば原則として子の即時返還がなされることになろう。母親としては、例外事由に該当することを主張・立証しなければならないが、前述の通り、この点は厳格に判断されるので、認定されにくいと思われる。

◆参考文献

織田有基子「ハーグ子奪取条約の現在—第5回特別委員会における議論の紹介を中心に—」国際法外交雑誌109巻2号46頁（2010年）

棚村政行「アメリカ1」財団法人日弁連法務研究財団　離婚後の子どもの親権及び監護に関する比較法的研究会編『子どもの福祉と共同親権—別居・離婚に伴う親権・監護法制の比較法研究—』（日本加除出版、2007年）

道垣内正人「親権者の指定・変更の裁判管轄と準拠法」判タ747号472頁（1991年）

相続・後見・扶養

25 中国人の夫が、日本に土地建物を残して死亡しました。その相続をめぐり、私と夫の兄弟がもめています。この相続は、どのようになりますか

（相　　　続）

🔳 相続の意義

　相続とは、一般に、世代を超えた財産または身分の承継関係と定義される（山田・565頁）。

　諸国の法制度上、相続に関しては、承継主義と呼ばれる建前と、清算主義（特定承継主義）と呼ばれる建前とが存在する。

　承継主義とは、ローマ法に由来するもので、被相続人から相続人へと直接、財産その他の承継を定めるものである。これに対し、清算主義とは、英米法系では、相続財産は、被相続人から相続人に直接移転するのではなく、いったん人格代表者なるものに帰属し、人格代表者による管理・清算を経て、残余積極財産についてのみ相続人に分配・移転するものである。

　諸国の国際私法上に、相続分割主義（異則主義）と、相続統一主義（同則主義）との相違が存在することもまた、よく知られているところである。

　相続分割主義とは、不動産相続と動産相続とを区別し、前者については所在地法を、後者については被相続人の住所地法または本国法を適用する主義である（なお、英米法系の国では、相続財産の管理・清算と残余財産の分配・移転が区別され、後者についてのみ相続分割主義が適用されている）。この主義は、歴史的に、法則学派と呼ばれる立場を背景としている。これに対し、相続統一主義とは、不動産相続と動産相続とを問わず、相続関係を一体として被相続人の属人法（被相続人の本国法または住所地法）によって統一的に規律しようとする主義である。これは、相続財産は、それを構成する個々の財産のいかんにかかわらず、一体として承継を考えるローマ法の包括相続の観念に由来するものであり、

相続は、親族への財産の承継であるから、親族関係と密接な関係をもち、これを一般的に規律する属人法によるのが適切であるとする考え方に基づくものである。相続統一主義と相続分割主義の優劣について論じられることがあり、一般に、相続統一主義が優れていると考えられている（たとえば、山田・566-567頁、溜池・540-541頁）。

わが国の場合、相続に関する諸問題は、通則法36条に規定があり、「相続は、被相続人の本国法による」として、相続統一主義を採用している。この規定は、内容的には、明治時代から改正されることなく現在に至っているものであり、かねてから立法論的な検討が加えられているところでもある（国際私法改正研究会・後掲147頁以下。さらに、松岡・後掲123頁以下を参照）。いかなる改正がなされるべきかは、今後の課題である。

2 通則法の規定

相続に関する諸問題は、通則法36条による。また、遺言に関する諸問題は、通則法37条および遺言の方式の準拠法に関する法律によることになる。

相続に関する事項には、基本的に、通則法36条により、被相続人の本国法が適用される。この相続準拠法は、原則として、あらゆる種類の相続に適用される。すなわち、財産相続と身分相続とを問わず、また、包括相続と特定相続とを問わず、法定相続と遺言相続とを問わず、適用される。より具体的にあげれば、相続開始の原因および時期、相続人（相続人の範囲、相続能力、相続順位、相続欠格事由、相続人の廃除など）、相続財産（相続財産の構成および移転）、相続財産の管理、相続の承認および放棄、相続分、寄与分、遺留分などについてである（山田・574頁以下、溜池・541頁以下など）。

遺言相続に関しては、通則法37条に、遺言の成立および効力について、遺言の方式の準拠法に関する法律に、遺言の方式について、規定がある。ただし、遺言によって相続財産を任意に処分できるか否か、さらに処分できるとしてその範囲はいかなるものかという点は、相続準拠法により判断されるべき問題である（溜池・541頁）。通則法37条および遺言の方式の準拠法に関

する法律は、意思表示の一つの形式たる遺言そのものの成立および効力について定めるものであり、遺言の実質的内容の問題を対象とするものではないのである（山田・586頁以下）。

　相続準拠法が適用されるべき事項について、留意すべき点はいくつもあるが、ここでは、次の二点について触れておきたい。

　まず、誰が相続人となるかという点は、異論なく相続準拠法によって判断されるが、相続人が相続人たるための前提となる身分関係（被相続人との、婚姻などの親族関係）の存否は、先決問題と呼ばれ、別に処理されるという点である。すなわち、ある法律問題（ここでは、相続権の有無）を判断するために、その前提となる法律関係（ここでは、婚姻などの親族関係）を、いかに判断すべきかは、相続準拠法によって判断されるわけではないのである。

　いわゆる先決問題をいかに処理すべきかについては、学説の分かれるところであるが、裁判例（最判平12・1・27民集54巻1号1頁）は、現在のところ、先決問題不存在説ないし法廷地国際私法説（独立連結説）と呼ばれる立場を前提としている。すなわち、前提となる法律関係（たとえば、婚姻の成立）は、その法律関係を規律する、日本の国際私法たる通則法の規定（たとえば、婚姻の成立ならば、通則法24条）により準拠法を決定して、これを適用してその存否を判断することになる。

　次に、相続財産の構成および移転の問題（いかなる財産が相続財産を構成するか、そして相続財産がいかなる過程を経て相続人に移転するか）は、相続準拠法によるが、相続準拠法が相続財産とする個々の財産も、その固有の準拠法がこれを相続財産と認めない場合には相続財産から除外され、また相続準拠法により被相続人の財産が相続人へ直接移転することを認めている場合でも、それを構成する個々の財産の準拠法がかかる移転を認めない場合には、その移転は実現できない（山田・575頁）。

　このような処理は、学説上、「個別準拠法は総括準拠法を破る」と定式化されている。もっとも、日本におけるその意義や、具体的な適用にあたっては、検討の余地の残るところである（早川・後掲325頁以下、木棚・後掲328頁以

下、櫻田・312-313 頁、197-198 頁などを参照）。

　したがって、設問の場合、相続に関する諸問題は、一応、通則法 36 条により、被相続人の本国法である、中国法によることになる（もっとも、反致が成立すれば、準拠法は日本法となるが、この点については、次項で触れることとする）。

　ただし、被相続人の中国人男性と婚姻関係が法的に問題となることがあれば、婚姻が有効に成立しているか否かは、通則法 24 条により決定される準拠法によって判断されることになる。

２ 中国法からの反致の成否

　通則法 36 条は、当事者の本国法によるべき場合にあたるため、反致（41 条本文）の成否が検討されなければならない。すなわち、本件のような相続に関する諸問題が、中国の国際私法によるとすれば、日本法によるべきときにあたるかどうかが検討されなければならない。

　中国の、現在の国際私法に関する法令は、2010 年 10 月 28 日に発布され、2011 年 4 月 1 日に施行された、渉外民事関係法律適用法である（以下の訳は、江藤・後掲 134-135 頁〔住田尚之〕による）。

　この法律によると、「法定相続については、被相続人が死亡した時の常居所地法を適用する。ただし、不動産の法定相続については、不動産所在地法を適用する」（31 条）、「遺言の方式については、遺言者が遺言をした時または死亡した時の常居所地法、国籍国法又は遺言行為地法に適合する場合には、いずれも遺言は成立する」（32 条）、「遺言の効力については、遺言者が遺言をした時又は死亡した時の常居所地法又は国籍国法を適用する」（33 条）、「遺産管理等の事項については、遺産の所在地法を適用する」（34 条）、「相続する者がいない遺産の帰属については、被相続人が死亡した時の遺産の所在地法を適用する」（35 条）こととなる。

　したがって、日本にある不動産に関する法定相続については、日本法への反致が成立することになる。

　それならば、中国では、反致が認められているか。この点が問われるのは、

渉外民事関係法律適用法31条は、日本法を指定しており、反致が成立するが、中国の国際私法もまた反致を認めている場合、通則法36条から中国法へと、もう一度反致が成立するか（いわゆる二重反致）が問題となるためである（この点は、このような場合に、中国の国際私法全体として、日本法によるべきときにあたるかどうか、という形で問われることもある）。これは、一般的に、外国の独立抵触規定のみならず、従属抵触規定をも考慮して準拠法を最終的に決定するという、二重反致が認められるべきか否かという問題と、個別的には、中国の国際私法が反致を認めているかという問題の二つがかかわるものである。

そもそも、二重反致が認められるべきかどうかについては、異論の残るところである（否定的な見解として、たとえば、櫻田・111頁、澤木＝道垣内・52頁）。仮に、これが認められるべきであるとしても、中国の国際私法は、反致を認めていない。かつては、反致の成否について、学説も分かれており、確定的な裁判例も見当たらなかったようである（奥田・ジュリ1076号158頁）。わが国の裁判例では、渉外民事関係法律適用法が施行される前の、承継法を前提とするものであるが、中国人が死亡した際、その日本にある不動産の相続につき、法例25条（旧規定）により、中国法によるべきところ、承継法36条および法例29条（旧規定）により、反致の成立を認め、不動産所在地法たる日本法を適用した裁判例（最判平6・3・8家月46巻8号59頁、判時1493号71頁、判タ846号167頁）があるが、この裁判例において、中国の国際私法からの反致の成否を吟味した形跡はない。渉外民事関係法律適用法は、反致を否定する趣旨の条文（9条）を有するに至っている。

したがって、二重反致に関する賛否にかかわらず、日本法から中国法へと再び反致が成立することはない。

なお、渉外民事関係法律適用法31条は、相続分割主義を採用しているため、不動産相続と動産相続のいずれかとの関係でのみ、反致が成立し、日本法によるべきときにあたる、という状況が考えられる（部分反致と呼ばれる）。かつては、相続統一主義に照らし、このような部分反致の成立を否定する見解もあったが（山田・570頁および572-573頁〔注5〕）、現在では、相続財産の一

部についてのみであっても、反致が成立することが、一般に認められている（前掲最判平6・3・8をも参照）。

　以上から、設問にあるような、日本の土地建物という不動産に関する相続が問題となり、かつ、遺言のない、法定相続が問題となる場合、相続に関する諸問題は、通則法36条により、中国法によることになるが、中国の国際私法により、日本法が準拠法として指定されているので、反致が成立し、最終的に準拠法は日本法となるので、これによって各種の問題は具体的に解決されることになる。

◆参考文献
江藤美紀音「中国国別研修『民事訴訟法及び民事関連法』」IDE NEWS 第45号 131頁
木棚照一『国際相続法の研究』（有斐閣、1995年）
国際私法改正研究会「『相続の準拠法に関する法律試案』の公表」国際法外交雑誌92巻4・5号147頁（1993年）
早川眞一郎「『相続財産の構成』の準拠法について」関西大学法学論集38巻2・3号325頁（1988年）
松岡博『国際家族法の理論』（大阪大学出版会、2002年）

26

中国人の夫とは正式な結婚をしていません。その夫が亡くなりました。その財産は、どうなるのでしょうか。私以外には、身内はいません

（相続人不存在と財産の帰属）

2 相続人の不存在の意義

　一般に、ある者が死亡した際に、彼に帰属する財産は、身分関係のある者へ、承継される。これが一般に相続といわれるものである。

　このような相続に関する諸問題は、通則法36条の「相続」に該当する事項である。したがって、相続人が誰かという点は、相続の準拠法によって判断される。ただし、相続人が相続人たるための前提となる身分関係（被相続人との、婚姻などの親族関係）の存否は、先決問題と呼ばれ、別に処理されることになり、前提となる法律関係（たとえば、婚姻の成立）は、その法律関係を規律する、日本の国際私法たる法の適用に関する通則法の規定（たとえば、婚姻の成立ならば、通則法24条）に従って準拠法を決定して、これを適用してその存否を判断することになる（第25講を参照）。

　設問のように、被相続人が中国人である場合、相続準拠法は中国法となる。とはいえ、相続財産となる不動産が日本にある場合には、当該不動産相続について反致（通則法41条本文）が成立するし、また、動産相続についても、被相続人の死亡時の常居所が日本にある場合には、やはり反致が成立するので、最終的に準拠法は日本法になる。

　かくして決定される準拠法により、相続人が誰かが判断されることになるが、親族関係その他の個人的関係により被相続人と密接な関係にある、通常の相続人が存在しないことがある。このような状態が確定した場合に、被相続人の財産をいかに処理するかが問題となる。これが、相続人の不存在と呼ばれる問題である（山田・580頁）。「現代的意義を有する重要な問題の一つで

ある」(木棚・後掲341頁)と指摘されているところである。

　なお、相続人の不存在が確定するまでの過程に関する諸問題、すなわち、相続人が誰であるのか判然としない遺産につき、いずれの国の裁判所(など)が、管理にかかわる資格をもつのかという、遺産管理の国際裁判管轄に関する問題、そして、管理人の選任、管理人による遺産の管理・清算、相続人の存否確定の準拠法いかんという問題なども、広い意味においては相続人の不存在として考えられよう(なお、沼邊・後掲202頁以下を参照。とりわけ、遺産の管理については、木棚・後掲270頁以下を参照)。

❷　準拠法の決定

　それならば、相続人の不存在は、国際私法上、いかに規律されるべきか。

　諸国の実質法上、相続人の不存在に該当するような場合、最終的に当該財産が国庫その他の公共団体に帰属するという結論は、ほぼ一致しているといってよいであろう。とはいえ、このような国庫への財産帰属の性質については、国庫その他の公共団体が最終の法定相続人として遺産を取得すると理解する相続権主義と、領土権の作用により先占すると理解する先占権主義という違いがある(もっとも、「国庫の権利が準拠法上相続権とされようが先占権とされようがたんに名称の差異にすぎず、実際上重要な差異はない」〔木棚・後掲368頁〕とも指摘されている)。

　国際私法上は、相続人不存在の財産の帰属につき、いかなる抵触規定によって準拠法を決定すべきかが問われることになる。この問題は、法の適用に関する通則法上、これを直接規律する明文規定が存在せず、また、上述のような実質法上の理解の相違があるために生じるが、これは、国際私法上の、法律関係の性質決定と呼ばれる問題であり、特定国の実質法に依拠することなく、国際私法独自の立場から判断すべきものである。

　この点については、相続準拠法(通則法36条)によらしめるべきであるとする立場がある。かつては、このような立場を支持する学説も、相当数存在していたし(さしあたり、山田・584頁以下〔註⑽〕、百選・153頁〔佐藤(や)〕を参照)。

相続・後見・扶養　　161

より詳しくみれば、原則的に相続準拠法によらしめつつ、場合分けをして処理を試みる見解を、区別することもできるであろう。木棚・後掲368頁を参照）、裁判例においても、このような立場を採用するものがある。

しかしながら、現在、この立場が支持されることは少ない。その根拠としてあげられるのは、この立場が、法律関係の性質決定に関して、いわゆる準拠法説に依拠するものであるという点もさることながら、国際私法における相続の、法的性質である。すなわち、「いわゆる相続とは親族関係を中心とする財産の承継関係を意味するものであり、たとい相続人が存在しない場合、国庫または公共団体が最終の相続人として相続財産を取得するとしても、これは……相続とは大いに性質の異なるものというべきである」（山田・581頁）という観点である。また、連結点に着目した、「相続が被相続人の本国法によるという原則は被相続人の最も密接に関連する法秩序によって遺産が規律されるべき利益に基礎づけられている」ところ、「相続人がないために被相続人が望みもしない国庫に遺産が帰属する場合には、このような利益が欠けている」として、相続人不存在の財産の帰属問題は「通常の相続と異なる」という説明もなされている（木棚・後掲370頁）。さらに、このような立場が、簡明さを欠き、実際的ではないという点も指摘できよう（沼邊・後掲203頁を参照）。

現在では、相続準拠法（通則法36条）によることなく、結論的に、財産所在地法によるべきであるとする立場が、支持されているといえよう。その実質的な根拠は、相続人が存在しない場合の財産の処理について、「遺産債権者などの利害関係人の利益を保護することに重点がある」とすれば、「遺産債務に対する責任は相続財産に限定されざるを得ず、国内に所在する財産を信頼して身寄りのない者と取引をしたり、金を貸したりした内国債権者等を第一次的に保護しなければならない」（木棚・後掲370頁）というところに求められるであろう。さらには、相続準拠法による場合とは対照的に、財産所在地法によるという結論が、簡明で実際的であるという点も、その根拠の一つとすることができよう。

もっとも、形式的な根拠（換言すれば、いずれの抵触規定によるべきか）という点については、見解の分かれるところである。

　ある見解は、通則法10条によるべきであるとする。この見解は、相続人不存在の場合における財産の国庫帰属を、国家または公共団体の無主物先占と理解するものであろう（裁判例として、東京家審昭41・9・26家月19巻5号112頁がある）。しかしながら、この問題は、「無主の財産の運命というよりも、相続財産の帰属を不安定な状態におくべきでないという公益的性格のものとして捉えられるべきであり、しかも財産は物権に限られない」（山田・581頁）点、また、当該財産が原始的に国庫に帰属するのではなく、被相続人の財産全体が包括的に国庫に承継されるとみることができる点（木棚・後掲370頁）に鑑みれば、通則法10条を根拠とすべきではなかろう。むしろ、端的に、条理によるとすれば足りよう（山田・581頁、溜池・544頁、木棚・後掲370頁）。

　したがって、設問のような場合、相続人が誰であるのか等の問題は、通則法36条により、中国法となる。とはいえ、第25講で触れたように、中国の国際私法によれば、「法定相続については、被相続人が死亡した時の常居所地法を適用する。ただし、不動産の法定相続については、不動産所在地法を適用する」（渉外民事関係法律適用法31条）と規定されているので、被相続人の常居所が日本に認定されるときは、そして、日本にある不動産については、反致（通則法41条本文）が成立し、相続に関する諸問題は、日本法により判断されることになる。かくして決定される準拠法により、相続人が存在しないことが確定した場合、少なくとも日本にある財産については、財産所在地法たる日本法によることになる。

2　特別縁故者への財産分与

　日本法上、いわゆる特別縁故者への財産分与（民法958条の3）と呼ばれる制度が存在する。わが国に「独自の制度」（沼邊・後掲204頁）とされるこの種の制度は、国際私法上、いかに規律されるべきか。

　この点、特別縁故者は、被相続人と人的関係がないわけではなく、特別縁

故者制度は、遺贈ないし死因贈与を補充するものであると理解し、相続準拠法（通則法36条）によらしめるという見解がある（たとえば、早川・後掲117頁以下を参照）。裁判例の中にも、相続人の存在しない韓国人の、事実上の妻たる日本人に、財産が分与されるかという点につき、改正前法例25条により、相続準拠法たる韓国法によれば、この種の制度は存在せず、相続人の不存在財産は国庫に帰属するとされるが、このような韓国法の適用は公序に反するとして排斥し（改正前法例30条）、民法958条の3を適用したものがある（仙台家審昭47・1・25家月25巻2号112頁、ただし、公序により外国法の適用を排除したことには、批判が強い。たとえば、百選・153頁〔佐藤（や）〕などを参照）。

これに対し、多数の見解は、特別縁故者への財産分与を、相続とは異質なものであるとして、「相続人不存在の場合における一連の相続財産の処理として財産所在地法によらしめる」（山田・582頁）というものであろう。裁判例においても、特別縁故者への分与は、相続準拠法の適用範囲には入らず、相続財産の所在地法によるべきであるとして、日本民法958条の3により、日本人に相続財産の分与を認めたものがある（名古屋家審平6・3・25家月47巻3号79頁、大阪家審昭52・8・12家月30巻11号67頁）。

特別縁故者制度の法的性質については、評価が分かれることであろう。それでも、裁判例において典型的に問題となっているような、日本に遺産が存在する場合において、日本法を準拠法とし、特別縁故者制度に基づく財産の分配が行われるべきであるという結論は、準拠法を決定する上で指標となる最も密接な関係の原則に鑑みても正当であろうし、「実際的」（山田・582頁）でもある（ただし、日本人が外国に財産を残して死亡した場合の処理いかんや、さらにさかのぼって、通則法36条の妥当性は、さらに別の課題として検討されるべきところであろう。さしあたり、百選・153頁〔佐藤（や）〕などを参照）。

したがって、設問のように、被相続人に、内縁の妻以外に身内の者がいない場合において、内縁の妻に対し、特別縁故者として財産が分与されるか否かは、少なくとも日本にある財産に関しては、日本法により判断される。

◆参考文献
木棚照一『国際相続法の研究』（有斐閣、1995 年）
沼邉愛一「相続人の不存在」澤木敬郎＝秌場準一編『国際私法の争点』（有斐閣、1996 年）
早川眞一郎「国際的相続とわが国の特別縁故者制度」名古屋大学法政論集 151 号 77 頁（1993 年）

27

私は、在日韓国人です。老後のことを考え、信頼できる人と任意後見契約を結び、人生の最終盤をあらかじめきっちりと処理しておきたいと考えています。どうしたらいいでしょうか

（外国人と任意後見）

2 任意後見制度とその準拠法

　1999年の成年後見制度の導入に合わせて、わが国では、任意後見契約に関する制度がスタートした。これは、本人の判断能力が十分なときに、将来判断能力が不十分になったときに備え、本人の選任する任意後見人に、自己の生活、療養看護および財産の管理に関する事務の全部または一部を委託し、委託した事務について任意代理権を付与しようとするものである（任意後見契約に関する法律2条1号）。法定後見と呼ばれる後見、補佐および補助の制度と同様、本人保護と取引秩序の保護を目的とするものの、任意代理の委任契約等を基礎にする点が特徴的である。設問は、この制度の利用を前提とするものであろう。

　とはいえ、相談者は在日韓国人であるので、この事例も渉外的私法関係となり、まずはそれに関する準拠法を決定しなければならない。

　本書でくり返し述べているように、国際私法は、単位法律関係ごとに連結点を媒介に準拠法を決定する。そのため、準拠法を決定するには、まず任意後見の問題がいかなる単位法律関係に該当するのかが判断されなければならない。この点については、任意後見の契約的側面を重視し、この問題を契約に属する問題と解して、その成立および効力については、通則法7条により当事者の選択に基づき準拠法を決定しようとする見解がある（山田〔真〕・後掲25頁。同論文では当時の法例7条が根拠とされているが、現行法にあてはめれば、通則法7条である。以下、すべて通則法の条数に置き換えてある）。これに対して、任意後見の身分法的性格を重視して、これを後見に属する問題と解して通則法

35条により準拠法を決定すべきとする見解がある（山田・553頁、溜池・530頁）。さらには、日本の任意後見制度を「明確に代理人の義務を定め、代理人の権利濫用を防止する手段をともなう第三世代の持続的代理権法」に属するものであると性格づけ、通則法7条による当事者の準拠法指定を認めつつ、そこに日本の「任意後見契約に関する法律」の介入を認め、同法の強行的な枠組みないし手続が適用されるとする見解がある（横山・後掲353頁）。

たしかに、任意後見制度は必ずしも多くの国で採用されているわけではない。それを前提に考えると、日本に任意後見制度があっても本国にそうした制度のない当事者については、第二の見解によればこれを利用することができない。その点では、第一の見解や第三の見解が通則法7条を適用し当事者に準拠法を選択させることはきわめて大きな意味がある。日本に住む多くの外国人も、これにより任意後見制度を利用することができるからである。さらに加えて、第三の見解のように考えれば、日本の任意後見契約法の枠組みのもとその手続を進めることができ、実務的にはきわめて有用である。

しかし、任意後見契約は身分法上の契約と位置づけられること、身分法上の契約の典型例たる夫婦財産契約も身分行為の準拠法（通則法26条）によっていること、通則法7条はもともと財産行為たる債権契約を対象とする規定であること、任意後見と法定後見は相互に補完する関係にあること等を考えると、現行法上は、任意後見については通則法35条による準拠法で処理することが適切であろう。何より、能力、親族および相続は属人法（日本の場合、それは本国法）によるとする基本原則がある。今次の通則法制定の際には、後見開始の審判等が日本法によるとされるなど、手続と準拠法の並行化（すなわち、この場合でいえば日本法を準拠法にして日本の手続法により処理をする）が一部で図られ、属人法主義の様相が若干変わった側面も一部にはあるものの、後見のような能力制限とその補充を中心とした問題を属人法の領域からはずすことは、現状ではなお適切ではないと思われる。

以上のことから、設問の事例は、通則法35条により被後見人の本国法すなわち韓国法がその準拠法となる。

■2 韓国法上の任意後見

　韓国法には、現段階では（2012年）、任意後見制度は存在しない。まさに、こうした場合にでも対応できるよう主張しているのが前記第一の見解であり、また第三の見解である。第二の見解では、この場合、任意後見の制度を利用することができない。前述したように、この種の問題は本国法によるとする国際私法の大原則を前提にする限り、本国が認めていないものを法廷地たる日本で認めることはできない。やむを得ないものと考えるのが第二の見解である。

　ところで、韓国では、近時、民法改正がなされ、こうした問題が大きく変わることになった。韓国では、日本以上のスピードで少子・高齢化が進み、それへの対応が大きな課題となっている。その一方で、かつてのわが国と同様、禁治産や限定治産（わが国の旧「準禁治産」に相当）制度に対する批判があった。そこで、社会福祉的な観点から、これまでの能力制限の制度を、財産行為のみならず治療、療養等の福利に関する幅広い援助を受けることのできる成年後見制度に拡大・改編しようとすることとなった。具体的には、従来の禁治産・限定治産制度を、一時的な後援または特定の事務に関する後援を必要とする者まで対象を広げ、しかも利用者の精神上の制約の程度に応じて助力を受けられるよう、成年後見・限定後見・特定後見という制度に切り替えることとした。そして、それに合わせて、後見契約制度も設けられ、いずれも民法典の中でそれらが規定された。施行は、2013年7月1日からである。

　後見契約は公正証書によって締結し、その効力発生時は家庭法院（裁判所）の任意後見監督人の選任時とするなど（韓国改正民法959条の14）、日本の任意後見契約法に大変類似した内容となっている（加藤＝岡・後掲82頁）。これに対して、日本法と異なり、成年後見人の身上監護代理権を明文化したり、被成年後見人の能力拡大や能力制限につき弾力的運用を定めている（947条以下）。成年後見人に医療行為に対する同意権も認めている（韓国改正民法947条の2）。さらには、後見契約を民法典において定めている点、成年後見の公示を戸籍制度を引き継いだ「家族関係登録簿」により行う点も異なっている。

いずれにしろ、今回の韓国民法の改正により、その本国法に任意後見制度が規定され、日本に住む韓国人も、任意後見制度を利用することができるようになった。利用開始日については、経過措置等に関してさらに調査、検討をする必要があるが、遅くとも 2013 年 7 月から利用することは可能である。

➋ 任意後見の国際裁判管轄権

　後見については、後見人や後見監督人の選任、辞任、解任および監督等、裁判所その他の国家機関が関与する場合が多いため、いずれの国の機関がその管轄権を有するかという国際裁判管轄権が問題となる。この点については、わが国には明文の規定はない。

　離婚や親子に関する人事訴訟事件の国際裁判管轄権については、被告住所地主義を原則としつつ、一定の場合には例外的に原告の住所に管轄を認めるという判例理論が確立されている（第 1 講参照）。しかし、後見人の選任等のいわゆる非訟事件については、その内容がきわめて多様なため、一般的なルールを確立することは非常に難しい。したがって、ここでも後見事件の国際裁判管轄権に関するルールとして議論するほかない。

　任意後見制度は、任意後見契約を基礎としており、その契約当事者が社会生活を営む場所において裁判所の関与が必要される場合が多いこと、また本人の精神状況や代理権を授与された者の活動状況を把握するのにこれらの者の居住地の裁判所が関与するのが適切であろうこと等から、本人または代理権を授与された者の居住地国に国際裁判管轄権を認めるとする見解（山田〔真〕・後掲 24 頁）がある。これに加えて、財産所在地の管轄権も認めようとする見解もある（横山・後掲 343 頁）。

　いずれにしろ、設問の事例にあっては、日本に国際裁判管轄権が認められ、韓国改正民法 959 条の 15 に定めるところにより、先々、日本の家庭裁判所に任意後見監督人の選任が申し立てられることになろう。

◆参考文献
加藤雅信＝岡孝「『民法改正日韓共同シンポジウム』を終えて」法律時報82巻4号74頁（2010年）
金亮完「韓国における青年年齢の引き下げ・成年後見制度導入に関する民法改正案」戸籍時報656号17頁（2010年）
山田真紀「渉外的成年後見事件について」家月53巻9号1頁（2001年）
横山潤「新成年後見制度と国際私法」一橋法学1巻2号330頁（2002年）

28

在日韓国人女性です。アメリカ留学中に仲良くなった在米韓国人と結婚し、日本で暮らしていました。しかし、折り合いが悪く、仕事のこともあって、夫は勝手にアメリカに戻ってしまいました。とはいえ、生活していく上で必要ですので、生活費を10万円請求しようと思っていますが、どうなりますか

（扶　養）

▣ 扶養義務の準拠法に関する条約

　疾病や困窮のため自立して生活することが困難である者を経済的に支援するために、各国で私的扶養と公的扶養の制度を置いている。このうち社会保障制度である公的扶養は国際私法の対象外（澤木＝道垣内・148頁）であるが、贈与や終身定期金など契約、遺言、信託、不法行為そして親族関係などに基づく扶養は私的扶養とされ、国際私法による準拠法指定の対象である。このうち本講の対象とする夫婦間・親子間の扶養は国際私法上、どのように法性決定すべきかが議論されてきた。

　設問のように婚姻中に夫が家を出て妻子を顧みないため妻が扶養を請求する場合や、本国に住む親族が外国人夫と外国で住む子に扶養を請求する場合など、夫婦、親子その他の親族関係から生ずる扶養義務が渉外的な要素を有するときには、扶養義務者の範囲や内容などについて準拠法決定が問題となる。扶養義務の準拠法に関するルールがハーグ国際私法会議で検討された結果、「1956年子に対する扶養義務の準拠法に関する条約（Convention du 24 octobre 1956 sur la loi applicable aux obligations alimentaires envers les enfants；子条約）」および「1973年扶養義務の準拠法に関する条約（Convention du 2 octobre 1973 sur la loi applicable aux obligations alimentaires；一般条約）」が作成された。日本は双方を批准しており、子条約は1977年に一般条約は1986年に日本につ

いて効力を生じたが、2012年1月現在双方の条約の締約国となっているのはフランス、ドイツ、ギリシャ、イタリア、日本、ルクセンブルク、オランダ、ポルトガル、スペイン、スイスおよびトルコの11ヶ国である。

子条約が相互主義をとり、扶養義務が問題とされる個々の事例に締約国が関係する場合のみに直接適用されるため、日本ではこれを特別に国内法化する立法措置を講じなかったが、一般条約は普遍主義をとり非締約国が関係する場合にも適用されるため、「扶養義務の準拠法に関する法律」として国内法化し、1987年から施行している（炔場・後掲84頁）。これに伴い「扶養義務の準拠法に関する法律」制定当時の日本の国際私法であった「法例」から扶養義務の準拠法に関する21条を削除し、現行の国際私法である「通則法」においても夫婦、親子その他の親族関係から生ずる扶養の義務についてはこれを適用せず（通則法43条1項）、「扶養の準拠法に関する法律」を適用する。

なお、2007年のハーグ国際私法会議で「扶養義務の準拠法に関する議定書」が採択され、一般条約および子条約が修正された。議定書締約国間では一般条約および子条約に代わり適用されるがいまだ発効しておらず、日本も加盟していない。

扶養権利者がこの法律に基づく扶養請求をする前提として、当事者間に「夫婦、親子その他の親族関係」があるかが問題になる。これを一種の先決問題として処理し法廷地国際私法によりその親族関係の問題として準拠法を求めるべきとする説、扶養義務の準拠法所属国の国際私法によるべきとする説、そして条約を国内法化した経緯からも「扶養義務の準拠法に関する法律」により指定される準拠法による説があるが、一種の先決問題とする説が有力である。

「扶養義務の準拠法に関する法律」では、扶養権利者と扶養義務者との関係のうち、一般的にいずれの国の実質法でも扶養義務が認められる近しい親族関係にある者と離婚後の元夫婦、婚姻無効・取り消された後の元夫婦のように比較的薄い親族関係にある者たちとを区別し、扶養権利者の保護を図りながら扶養義務者に過度な扶養義務を課さぬよう配慮を加えている。「扶養

義務の準拠法に関する法律」で指定された準拠法は、扶養義務の有無、扶養義務者・扶養権利者の範囲、扶養義務者の順位・程度・方法、扶養請求権の行使期間および公的機関から費用償還を受ける扶養義務者の義務の程度などに適用される。以下に、各親族関係の扶養義務につき述べる。

２ 夫婦間の財産関係

　各国の実質法上一般的に、夫婦間には同居・扶助の義務があり婚姻にかかる費用は各々の資力に応じて分担し、配偶者の生活水準を自らと同等ないし一定の水準に保つ義務があると認められている。夫婦の法定財産制の内容は国により異なるから、たとえば共産制のもとで夫が夫婦の財産を管理するかまたは夫婦の共同名義とするかなどの制度自体は国により差異があるが、いずれも夫婦を一体として夫婦および未婚の子の共同生活に必要な費用をどのように賄うかを問題としており、別産制をとる国でも夫婦の一方の生活水準が劣る場合に他方配偶者に何らかの範囲で扶助する義務を定めている。

　日本民法では夫婦間の扶助（民法752条）と婚姻費用分担（民法760条）に分類している。実務および通説は夫婦間の扶助義務を婚姻費用分担として具体化されると説明したり、夫婦各々の収入に応じて扶養や婚姻費用分担の範囲が定められるなどと説かれるが（二宮・後掲72頁）、いずれも婚姻生活を送るのに必要な金品を夫婦が相互応分に負担する義務を定めていることに変わりはない。これに対して国際私法上は、従来、婚姻費用分担を夫婦間の扶助義務の問題とは別に独立した準拠法指定の対象として夫婦財産制と法性決定する立場（久保・後掲9頁、大阪家審昭54・2・1家月32巻10号67頁など）と、婚姻の一般的効力と法性決定し夫婦間の扶助義務と同一の準拠法指定をする立場（林脇・ジュリ599号127頁、東京家審昭55・9・22など）に学説および判例の見解が分かれていた。しかし昭和61年に前述のハーグ条約を締結したことに基づき「扶養義務の準拠法に関する法律（昭和61年6月12日法律84号）」が制定されたため、夫婦間の扶養義務の概念はハーグ条約の趣旨を考慮し、名称のいかんを問わず、人の生活に必要なあらゆるカテゴリーの財産給付を含むも

のと解釈し（早田・後掲271頁）、夫婦間の婚姻費用分担は「扶養義務の準拠法に関する法律」の指定する準拠法の適用を受けるとする立場が有力である。

　扶養義務の準拠法は、扶養請求権がある者の利益を重視することと公的扶助が与えられうる国では私的扶養をともに受けることにより、より扶養権利者の保護を図りうるとの観点から、扶養権利者の常居所地法と定められている（2条1項本文）。扶養権利者の常居所地法では扶養請求権がないために扶養を受けることができない場合には、扶養権利者と扶養義務者の共通本国法により（2条1項ただし書）、そのいずれによっても扶養を受けることができない場合には日本法による（2条2項）と定める。このように扶養権利者がより扶養を受ける機会を与えられるよう配慮し、生活困窮者が誰からも扶養を受けられないような事態を可能な限り避けるために段階的に当事者が扶養を受ける可能性がある準拠法を求める連結方法を補正的連結と呼ぶ。

② 離婚後の扶養

　離婚後の元配偶者間の扶養義務について「扶養義務の準拠法に関する法律」は離婚に適用された準拠法によるものと規定し（4条1項）、同様に別居中の夫婦間の扶養および婚姻無効・取消しの場合にもこの規定が準用される。婚姻中の夫婦間扶養と異なり、離婚により離婚後の当事者の間に扶養請求権・扶養義務があるか否かは離婚と不可分の関係にあると考えられるからである。かつては夫から妻に対する離婚後扶養（アリモニー）を認める国もあったが、現在は離婚時に婚姻中の夫婦の共同財産の処理を行った後は離婚により当事者間のすべての法律関係がなくなり扶養義務もなくなるとの視点から、離婚後扶養を定める国は減少してきている。

③ 傍系親族間・姻族間の扶養

　傍系親族・姻族間の扶養は原則として扶養権利者の常居所地法によるが、「扶養義務の準拠法に関する法律」3条は扶養権利者と扶養義務者の共通本国法では扶養義務者が扶養権利者に対する義務を負わないことを理由とする

扶養義務者の異議申立てを認める。傍系親族や姻族は、夫婦や親子に比較すると親族としての密着度は低いと考えられるが、いわゆる発展途上国には大家族制の慣習がある地域が多く先進国より広い範囲の親族に扶養義務を課すことがある。日本人の外国人配偶者にはアジア諸国出身者が多いが、一般的にこれらの諸国では欧米先進国より家族の関係が密であり、親族間の相互扶助の慣習が強い。そのため本国にいる親族からその親族の常居所地法に基づく扶養請求がなされると、日本人配偶者が日本民法をもとに予想する以上の経済的負担を負う結果となる。たとえばフィリピンの「家族法」では配偶者・子・孫・兄弟姉妹との間に住居提供、衣食住、医療費、教育費、通学通勤のための交通費に至る広い扶養を規定し、嫡出関係の有無を問わず親族間に、兄弟姉妹関係では少なくとも父母の一方のみを共通とすることをもって扶養義務が課される（家族法194条〜199条、ノリエド・後掲322-326頁）。韓国では大韓民国民法833条が夫婦の共同生活に必要な費用は当事者間に特別な約定がなければ夫婦で負担すると定め、974条では直系血族およびその配偶者間、その他生計を同じくする親族間について相互に扶養義務を規定している。扶養の方法および程度は977条により当事者間に協定がない場合には法院は当事者の請求により扶養を受けるべき者の生活程度と扶養義務者の資力その他の事情を参酌して定めるものと規定する。

　このように扶養権利者の扶養請求権と扶養義務者の負うべき義務との間のバランスを図るため「扶養義務の準拠法に関する法律」3条は、扶養権利者と扶養義務者の共通本国法上は扶養義務を負わない場合および共通本国法がない場合で扶養義務者の常居所地法では扶養義務を負わない場合には、扶養義務者は異議申立てをすることが認められたのである。

　なお「扶養義務の準拠法に関する法律」でいう共通本国法は、「通則法」25条の同一本国法とは異なる解釈をすべき点に注意が必要である。そもそも日本法として立法された「通則法」と国際条約を国内法化した「扶養義務の準拠法に関する法律」では重国籍者の本国法決定方法が異なる。「通則法」25条で定める本国法は、一方当事者がフランスとドイツの重国籍者、他方

がフランスとイタリアの重国籍者である場合にはまず各当事者につき「通則法」38条1項に基づきその複数の本国法のうち、より密接な関係を有する法を本国法とする絞り込みを行う。「通則法」の解釈上は、複数の国籍のうちで各当事者が日常生活を送りその場所との密接な関係がある常居所を有する国を優先すべきと考えるから、いずれもフランス国籍を有していても結果としてフランス人とイタリア人のように同一本国法が存しない場合もある。これに対して「扶養義務の準拠法に関する法律」は、母体となる条約の趣旨から可能な限り扶養を受けられるように、実際の各「本国」への密着性より共通性があることを重視するから上記の例ではフランス法を共通本国法として適用することになる。

　設問は婚姻中の夫婦間の問題であるから、一方的にアメリカに戻り現在日本に居住していない韓国人夫に対する扶養請求について、日本に国際的裁判管轄権を認め日本の裁判所で扶養請求の訴提起することが可能であると仮定すれば、「扶養義務の準拠法に関する法律」2条に基づき扶養権利者の常居所地法である日本民法が準拠法として指定される。日本法上の生活費として請求できる金額については、裁判所の算定表に基づき扶養義務者と扶養請求者の収入や子どもの年齢・人数に応じて金額が定められるがおおむね標準的な家庭では毎月10万円程度と認められよう。

◆参考文献

梅場準一「扶養義務の準拠法に関する法律の制定と今後の課題」ジュリ865号81頁（1986年）

久保岩太郎「わが法例上における夫婦財産制」法学新報59巻11号975頁（1952年）

二宮周平『家族法〔第2版〕』（新世社、2008年）

早田芳郎「渉外的扶養関係事件の裁判管轄権及び準拠法」岡垣學＝野田愛子編『講座実務家事審判法5　渉外事件関係』265頁（日本評論社、1990年）

J.N.ノリエド著　奥田安弘＝高畑幸訳『フィリピン家族法〔第2版〕』（明石書店、2007年）

平和条約・難民

29

> 私は、婚姻届を出していない在日朝鮮人父と日本人母との間に生まれ、認知届が、生まれてから数年後の昭和25年11月に提出されました。翌々年の平和条約発効により、私は外国人となったのですが、実は日本国籍を失っていないという話を聞きました。一体、どうなっているのでしょうか

（平和条約と国籍、共通法）

② 太平洋戦争による領土喪失と朝鮮人・台湾人の国籍喪失

　太平洋戦争により領土を失った日本では、いわゆる朝鮮人・台湾人の日本国籍喪失という問題が生じた。

　従来、領土の変更に伴う国籍変更の問題は、国際法上確立した原則がないので、関係当事国間の合意によるといわれてきた（江川＝桑田・後掲1頁以下、澤木・後掲22頁）。だが、関係国と日本との間でそのような合意がなされない状況の中で（現在もそのような合意はなされていない）、日本は、この点を日本国との平和条約（平和条約）2条(a)項(b)項の合理的な解釈によって解決しようとしたのである。日本国との平和条約2条は次のように定める。

　「(a)　日本国は、朝鮮の独立を承認して、済洲島、巨文島及び欝陵島を含む朝鮮に対するすべての権利、権原及び請求権を放棄する。

　(b)　日本国は、台湾及び澎湖諸島に対するすべての権利、権原及び請求権を放棄する。（以下略）」

　まず、「朝鮮及び台湾は、条約の発効の日から日本国の領土から分離することとなるので、これに伴い、朝鮮人及び台湾人は、内地（現在の日本列島を指す―筆者注）に在住しているものを含めてすべて日本の国籍を喪失する」という通達が出された（昭27・4・19民甲438号法務府民事局長通達）。また、当初は関係当事国との個別的な合意に期待した学説も、そのような取決めが締結されない状況が続く中で、次第にこの立場を支持するようになった（たとえ

ば、江川＝桑田・後掲 3 頁）。このような解決に対しては、平和条約 2 条(a)項(b)項から「国籍変更」という帰結が導けるかという問題とともに、朝鮮の場合については、韓国・北朝鮮がともに平和条約の当事国となっていないという問題が指摘され、強い疑問が示されてもいる。だが、最高裁は、昭和 17 年に朝鮮人男性と婚姻した内地人女性の平和条約発効後の日本国籍の有無が問題となった事例（最大判昭 36・4・5 民集 15 巻 4 号 657 頁）において、「平和条約によって、日本は朝鮮に属すべき人に対する主権を放棄した」ので、「このような人について日本の国籍を喪失させることとなる」と述べ、それ以来、この通達の立場を一貫して支持している（最判昭 38・4・5 集民 65 号 437 頁、最判昭 40・6・4 民集 19 巻 4 号 898 頁、最判平 10・3・12 民集 52 巻 2 号 342 頁）。そして、最高裁によれば、日本国籍が失われるのは平和条約の発効時点である（ただし、台湾との関係について日本国籍が失われる時点を、日本国と中華民国との間の平和条約が発効した時点としたものとして、最大判昭 37・12・5 刑集 16 巻 12 号 1661 頁）。

そして、日本国籍を喪失すべき朝鮮人・台湾人を決定するにあたっては、いわゆる戸籍主義が採用された。すなわち、戦前は内地・朝鮮・台湾で別々に戸籍が編製されていたのであるが、平和条約発効時点において、籍が内地にある者は日本国籍を喪失せず、朝鮮または台湾にある者は日本国籍を喪失する、という処理である。この処理により、元朝鮮人または台湾人であった者でも、平和条約の発効前に内地人との婚姻・縁組などによって内地の戸籍に入るべき事情の生じた者は、内地人であり、引き続き日本の国籍を保有するとされる一方で、元内地人であった者でも、条約の発効前に朝鮮人または台湾人との婚姻、養子縁組などにより内地の戸籍から除かれるべき事情が生じたものは、朝鮮人または台湾人であって、条約発効とともに日本の国籍を失うこととされた（前掲 438 号通達）。下級審裁判例や学説においては、血統や居住をどのように考慮するかをめぐってさまざまな対立があったが（下級審裁判例につき、江川＝山田＝早田・225 頁〔注 8〕参照）、最高裁は戸籍主義を採用し、ここでも通達の立場を一貫して支持している（前掲最判昭 36・4・5、前掲最判昭 37・12・5、前掲最判昭 40・6・4、前掲最判平 10・3・12）。

2 共通法の失効時点

　ところで、内地人と朝鮮人・台湾人との間の婚姻や認知などによる地域籍の変動を定めていたのは、共通法（大正7年法律第39号）3条であった。共通法3条は次のように定める。

　「1　一ノ地域ノ法令ニ依リ其ノ地域ノ家ニ入ル者ハ他ノ地域ノ家ヲ去ル
　2　一ノ地域ノ法令ニ依リ家ヲ去ルコトヲ得サル者ハ他ノ地域ノ家ニ入ルコトヲ得ス」

　すなわち、法の異なる領域に属する者の間で婚姻・認知などの身分行為があった場合、共通法2条2項により準用される法例（平成元年法律第27号による改正前のもの）によって準拠法となる一つの地域の法令上入家という家族法上の効果が発生するときには、他の地域においても原則としてその効果を承認して去家の原因とすることが定められていたのである。その結果、戸籍に関しても、一つの地域の戸籍から他の地域の戸籍への移動という効果が生ずることとされていた。

　国籍喪失の対象となる者の範囲を平和条約発効時の戸籍により決定すべきだという前述の判例・戸籍実務の前提のもとでは、この共通法3条がいつまで有効であったのかが問題となる。

　この点、通達は、平和条約発効まで共通法は観念的には有効だったという立場をとっており、最高裁は、後述の平成16年判決までここでも通達の立場を支持していた（前掲最判昭38・4・5、前掲最判平10・3・12）。これに対し、学説においては、通達を支持するものもないわけではないが、以下のようにさまざまな立場に分かれている。まず、共通法が現実的な実効性を失った時点に着目し、ポツダム宣言受託時（昭和20年8月15日）、または降伏文書調印時（昭和20年9月2日）、さらにはまた内外地間の戸籍の交流が停止されたときに現実的機能を失ったとする説（江川＝桑田・後掲27頁以下）がある。次に、身分変動と国籍の変動に関するわが国の法制度の変化に着目し、共通法秩序が新国籍法施行に伴う旧国籍法の廃止（昭和25年7月1日）によって失効したとする立場がある（澤木・後掲22頁）。さらに、共通法3条が戦前の家制度に

立脚していることに着目し、両性の平等と個人の尊厳を宣言する日本国憲法24条に抵触することを理由に、3条が新憲法施行時（昭和22年5月3日）に失効したとする立場がある（溜池・後掲34頁以下）。

なお、設問にある認知による籍の異動については、通達においてその取扱いに若干の変動がみられたが、昭和25年12月6日以降、朝鮮または台湾と内地間における父子の認知によっては子の戸籍に変動を生じないこととされた（昭25・12・6民甲3069号民事局長通達）。これは、身分変動による国籍の変動を認めない新国籍法の趣旨を考慮に入れたものであると説明されている（昭26・3・6民甲409号回答）。だが、このような重大な事柄を通達という形式で定めた点、また、その結果新国籍法が施行された日でもない、単なる通達の発せられた日から取扱いの変更がなされた点、さらに、認知についてのみこのような取扱いがなされた点につき、従来批判がなされていた。

2 近時の動向

近時、内地人女性の嫡出でない子であり新国籍法の施行後に朝鮮人男性により認知された者が国に対し自らが日本国籍を有することの確認を求めた事例において、最高裁は、新国籍法が、自己の意思に基づかない身分行為による日本国籍の喪失という法制を採用せず、旧国籍法23条の規定を廃止したという点に着目し、「地域籍の得喪が、旧国籍法の前記規定に準じて定められていた」ことに照らし、「上記のような法制の変動の結果、上記の国籍法施行日以降においてされた親の一方的な意思表示による認知は、もはや地域籍の得喪の原因とはならなくなったものというほかはなく、朝鮮人父によって認知された子を内地戸籍から除籍する理由はなくなったものというべき」であると判示した（最判平16・7・8民集58巻5号1328頁）。これにより、新国籍法が施行された昭和25年7月1日以降、理論的には平和条約発効時まで、戸籍実務上は前述の3069号通達の発せられた昭和25年12月6日までの期間において朝鮮人父によってなされた内地人の嫡出でない子に対する認知による身分変動が、子の日本国籍を喪失させないこととなった。ただし、本判

決が、新国籍法の施行により共通法3条が失効したと考えているのか、それとも共通法3条、より具体的には3条2項につき憲法に適合した解釈（合憲的解釈）を行ったのか、という点は、具体的言及がないため判旨からは必ずしも明らかではない（詳しくは、横溝・後掲2201頁以下）。

　この事例は朝鮮人父による認知が問題となったものであるが、この最高裁判決の示した判断は台湾人父による内地人の認知についても及び、また、日本人父による朝鮮人母の子に対する認知についても、同様に及ぶものと考えられる（横溝・後掲2205頁）。

　一方、婚姻など他の身分変動については、この判決が、前掲最判昭和38年4月5日につき、「昭和27年2月12日に台湾人男と自己の意思に基づき婚姻した内地人女の平和条約発効後における日本国籍喪失に関するもので、本件とは事案を異にする」と述べており、自己の意思に基づいたものか否かで事案を区別しているようであることからすれば、この判決の判断は、文言上は、一応準正など自己の意思に基づかない身分変動に限られ、婚姻については及ばないということになるだろう。

　だが、新国籍法においては自己の意思に基づくか否かにより身分変動による国籍の得喪に差が設けられているわけではない。また、この判決は、共通法3条が旧国籍法の内容に準じていると指摘する際に、旧国籍法による国籍喪失の例として離婚または離縁もあげているのである。このような点からすれば、この判決が前掲最判昭和38年4月5日を「事案を異にする」とした点には全く説得力がない。このような説得力のなさからすれば、この判決は実質上昭和38年判決と異なる判断をしたものであるといわざるをえず、したがって、この判決は、その文言や意図を越えて、事実上は昭和38年判決を否定し、婚姻なども含めた身分行為一般につき今後影響を与えざるをえないのではないだろうか。

◆参考文献

江川英文＝桑田三郎「領土変更と妻の國籍―とくに民事甲第 438 號通達をめぐって―」法学新報 62 巻 1 号 1 頁（1955 年）

大沼保昭『在日韓国・朝鮮人の国籍と人権』（東信堂、2004 年）

澤木敬郎「平和条約の発効と国籍」ジュリ 228 号 22 頁（1961 年）

溜池良夫「平和条約発効前に台湾人の養子となった内地人の国籍―大阪高等裁判所昭和 48 年 3 月 20 日決定をめぐって―」法学論叢 94 巻 5・6 号 1 頁（1974 年）

横溝大「判批」法学協会雑誌 123 巻 10 号 2192 頁（2006 年）

30

> 私はミャンマーからの難民です。日本で暮らすようになり、ある日本人女性と親しくなりました。その女性と結婚しようと思いますが、法律上どのような問題があるのでしょうか

（難　民）

🔲 難民の意義

　国内における迫害や戦乱を逃れて人々が他の国家や地域に助けを求めるという現象は、今日においても世界の各地で発生しており、そうした人々の保護が国際社会の重要な課題の一つとなっている。もっとも、このような国際的な保護の対象となる「難民」の概念については、現在でも確立した定義は存在していない。日本も批准する、難民保護に関する最も重要な国際条約である「難民の地位に関する条約」（以下、「難民条約」という）および「難民の地位に関する議定書」（以下、難民議定書という）では、「難民」とは「人種、宗教、国籍若しくは特定の社会的集団の構成員であること又は政治的意見を理由に迫害を受けるおそれがあるという十分に理由のある恐怖を有するために、国籍国の外にいる者であって、その国籍国の保護を受けることができないもの又はそのような恐怖を有するためにその国籍国の保護を受けることを望まないもの」とされている（難民条約1条A(2)）。しかし、このような難民の定義は、あくまでも難民条約が対象とする「難民」の範囲を定めたものであって、一般に用いられる難民の概念に比べてかなりせまいものとなっている。とくに、難民条約では「迫害」の存在が要件とされているため、戦争や内乱、自然災害などによって国外に流出した人々（避難民）や経済的困窮を理由に国外に流出した人々（いわゆる経済難民）などは条約上の「難民」とされていない（山田＝黒木・206頁）。

　なお、難民問題に関する国際機関である国連難民高等弁務官事務所（UNHCR）は、難民保護のため同事務所規定に基づき独自の難民認定（いわゆ

る「マンデート難民」）をしているが、その範囲は難民条約上の「難民」よりも広く、国内における抗争や無差別な暴力、あるいは甚大な人権侵害などから逃れた人々も対象としている。したがって、すべてのマンデート難民が難民条約の対象となるわけではない。また、日本国政府は、ミャンマーからタイに逃れて難民化した人々について、人道的な立場から、難民条約による難民とは別に、いわゆる第三国定住（国外に逃れ難民となった者をさらに第三国が受け入れる制度）の難民として受け入れることとし、平成22年度から具体的な受入れを行っている。

2 難民認定

　難民条約は、条約の対象となる「難民」の認定手続についての規定を欠いているため、具体的な認定手続はそれぞれの締約国が定めるところによると解されている。わが国では、入管法に難民認定の手続が定められている。入管法2条によれば、同法にいう「難民」とは難民条約の適用を受ける難民をいうとされ（同条3の2号）、入管法が適用される難民は難民条約上の「難民」に限定されている。具体的な難民認定の手続は、おおむね以下の通りである（入管法第7章の2）。

　日本国内にいる外国人は、法務大臣に対して難民認定の申請を行うことができる（入管法61条の2）。これは、難民認定は法務大臣が統一的・一元的に行うことを明らかにしたものである。難民認定の申請を行うためには、合法・非合法を問わず、日本に上陸しているか、すでに日本に在留中であることが必要であり、日本への入国に先立ち、海外から難民認定の申請をすることはできない（山田＝黒木・211頁）。申請の手続は、本人が地方入国管理局に出頭し、申請書、難民に該当することを証明する資料および写真を提出して行わなければならない（入管法施行規則55条1項）。難民認定の申請については、以前は原則として入国から60日以内という期間制限が設けられていたが、平成16年の入管法改正によって、現在は期間制限は廃止されている。難民認定の申請があると、地方入国管理局に配属されている難民調査官が申立て

の裏づけ調査を行う（入管法61条の2の14）。この場合、難民であることの立証責任は申請者側にあるとされている。法務大臣は、申請書、提出された書類、難民調査官の調査等を総合的に検討し、難民に該当するか否かを判断する。難民と認定されると、法務大臣から難民認定証明書が交付される。他方、難民と認定しないときは、法務大臣は、その理由を付した書面で申請者本人にその旨を通知することとされている（入管法61条の2第2項）。難民と認定しないとの通知を受けた外国人は、通知を受けた日から7日以内に法務大臣に対して異議申立てをすることができる（入管法61条の2の9）。異議申立てがあったときは、法務大臣は異議申立てに理由があるか否かを再度検討し、異議申立てに対する決定をする場合には、難民審査参与員の意見を聴取しなければならない。難民審査参与員は、人格高潔で公正な判断力を有する学識経験者から選ばれる（入管法61条の2の10）。難民審査参与員制度は、難民認定手続の公正性・中立性・透明性を高めるために、平成16年の入管法改正の際に新設されたものである。

2 難民の処遇

　難民の認定と在留許可とは別個の問題であり、難民と認定されると当然に日本での在留が許されるわけではない。しかし、一般に難民として保護するためには国内への在留を認める必要があることから、難民認定が認められる場合には、原則として、国内における在留が認められている。すなわち、法務大臣は、難民の認定をする場合、当該の外国人がまだ在留資格を得ていないときは、一部の例外（日本に上陸後6ヶ月以内に難民認定申請を行わなかった場合、迫害国以外の第三国を経由して日本に入国した場合など）を除き、「定住者」の在留資格の取得を許可するものとされている（入管法61条の2の2第1項）。また、すでに在留資格を得ている者が難民認定を受けた場合、本人から「定住者」の在留資格への変更の申請があったときは、一部の例外を除き、法務大臣は一律にこれを許可することとされている（入管法61条の2の3）。これは、難民の地位を早期に安定させるため、一部の例外を除き、所定の要件を満たせ

ば一律に在留資格を付与することにしたものである。「定住者」の在留資格が認められると、就労活動の制限がなくなり、自由に職に就くことが可能となる。なお、法務大臣は、在留資格を得ていない外国人に対して、難民の認定をしない場合、または一部の除外事由に該当するため在留資格を許可しない場合でも、その者の経歴や家族関係などを考慮して、在留を特別に許可すべき事情があるときは、在留を特別に許可することができるとされている（入管法61条の2の2第2項）。

難民認定をされた者は、法務大臣に対して申請すれば、「難民旅行証明書」の交付を受けることができる（入管法61条の2の12）。これらの者は本国から旅券（パスポート）を得ることができないため、難民条約によって旅券に代わる旅行証明書の発給が締約国に義務づけられており、難民条約の締約国では旅券と同様の効力が認められている（難民条約28条）。また、難民認定をされた者については、永住許可の申請に関して、独立の生計を営むに足りる資産または技能を有することという生計要件が免除されている（入管法61条の2の11）。

難民と認定された者が、①偽りその他不正の手段により難民の認定を受けたこと、②難民条約1条C(1)〜(6)のいずれかに掲げる場合（任意に本国の保護を受けている場合や、新たな国籍を取得し、その国の保護を受けている場合などのように難民の要件に該当する事実がすでに消滅してしまっている場合）に該当することになったこと、および③難民認定後に難民条約1条F(a)または(c)に掲げる行為（平和に対する犯罪、戦争犯罪など）を行ったことが判明したときは、法務大臣は、所定の手続に従い、難民認定を取り消すとされている（入管法61条の2の7）。難民認定を取り消された者の中で、①および③を理由とするものについては、退去強制事由に該当し（入管法24条10号）、わが国から退去強制されることがある。もっとも、難民に対しては、迫害のおそれのある国へ送還してはならないとするノン・ルフールマン原則（principle of non-refoulement）が認められており（難民条約33条1項）、入管法もそうした国へ送還しないことを明文で定めている（入管法53条3項）。

2 難民に適用される法

　わが国の国際私法は、人の能力、夫婦・親子などの家族間の法律関係、相続などの問題について、当事者の本国法を準拠法とする本国法主義の立場を原則として採用している（通則法4条・同第5節および第6節）。したがって、日本人と外国人が結婚する場合には、その実質的な成立要件について各当事者の本国法が適用され（通則法24条1項）、あるいは夫婦間に生まれた子どもが夫婦の嫡出子となるか否かについては、その夫婦のいずれかの本国法が適用される（同28条）。しかし、このような本国法の適用は、本国による迫害を避けるために避難し、本国の保護を受けることを望まない難民については、道義的な観点からみて適当でないだけではなく、そうした難民は本国との結びつきをすでに失っているのではないかとの疑念が生じる。こうした考慮から、難民条約は、「難民については、その属人法は住所を有する国の法律とし、住所を有しないときは、居所を有する国の法律とする」（12条1項）と規定し、難民の属人法を住所地法と定めている（溜池・92頁）。日本は、難民条約への加入に際して、国際私法の改正を行わなかったが、難民条約12条は、直接に国内的効力を有し、わが国の国際私法である通則法の規定に優先して適用されると解されている（南・後掲条約12頁）。したがって、わが国の国際私法上当事者の本国法を適用すべき場合、難民については、本国法に代えて住所地法を適用すべきことになる。設問の例では、質問者はミャンマー国籍であるが難民とのことであるから、日本人と結婚する場合、その本国法であるミャンマー法ではなく、現在住所のある日本法を適用して婚姻の成立要件を判断することになろう。

　次に、通則法によれば当事者の本国法とともに常居所地法が適用される場合にも、これを住所地法に置き換えるべきであろうか。夫婦関係や親子関係に関する問題は、伝統的に当事者が属する国の法としての「属人法」が適用されてきたため、常居所地法が適用される場合にも、難民の属人法としては住所地法によるとすることが考えられるからである。しかし、難民条約12条の主たる目的は難民について本国法の適用を排除することにあるので、条

約の適用は本国法が適用される場合にとどめ、この場合には、むしろ難民についても常居所地法を適用するのが適当であると解されている（南・後掲解説193頁）。もっとも、この点については、難民条約が規定する「住所」の決定は締約国に委ねられていると理解し、わが国においてはこれを常居所と解釈すべきであるとの有力な見解もある（溜池・117頁）。いずれの見解によっても、日本に常居所のある難民と日本人の夫婦間の身分的な法律問題については、本国法が同一でないため（難民については適用されるべき本国法がないからである）、同一の常居所地法である日本法によることになるものと思われる（通則法25条）。

なお、難民条約12条が適用される難民は、難民認定された者に限られるか否かも問題となる。この点については、難民条約自体は単に難民の定義を定めているだけであり、12条は直接に国内的効力を有することから、法務大臣による難民認定を受けていない者であっても、難民条約の定義に該当する場合には、12条の適用を認めてよいとする見解が有力である（南・後掲9頁）。しかし、戸籍実務は、届書に事件本人の難民認定書の写しまたはこれに準ずるもの（国連難民高等弁務官発行の証明書の写しなど）を添付した場合に限って、難民として取り扱うことにしている（昭57・3・30民二2495号通達）。

◆参考文献

溜池良夫「難民条約第12条について―難民の属人法問題―」国際法外交雑誌82巻4号1頁（1983年）

南敏文「難民条約と国際私法」民事月報36巻11号3頁（1981年）

南敏文『改正法例の解説』（法曹会、1992年）

索　引

■ア 行

遺言相続	155
意思主義	96
一方的成立要件	41
氏の変更	17
──の準拠法	19
永住許可	33

■カ 行

外交婚	47
外国人住民	22-3, 25, 27
外国人登録	21, 33
外国人登録証明書（外登証）	24, 26
外国人登録法	21
外国判決承認制度	85
外国非訟裁判の承認・執行	146
隠れた反致	123
家庭法院の確認	64
簡易帰化	119
間接管轄	80, 86
協議離婚	73
韓国法に基づく──	63
強制認知	99
共通法	180
緊急管轄	84
形式的成立要件	39
契約型養子縁組	134
決定型養子縁組	134
血統主義	9, 96, 114
原告の住所地・常居所地管轄	83
子	
──の奪い合い	145
──の国籍	114
──の氏名	110
合意の有効性	59
公序	5, 132, 136
国際裁判管轄（権）	2, 4, 79, 85
国籍	9
──の選択	13
──の抵触	9
──の離脱	14
国籍唯一の原則	10
国籍留保	13
戸籍主義	179
個別準拠法は総括準拠法を破る	156
婚姻	
──の形式的成立要件	52
──の効力	56
──の身分的効力	56
婚約	50
──の効力	53
──の実質的成立要件	52
──の不当破棄	54

■サ 行

裁判権	79
在留カード	23-4, 26
在留期間	32
在留資格	29
──の取消	35
──の変更	32
在留資格認定証明書	31
査証	30
事実婚主義	44
事実主義	96
実質的成立要件	39
実体的公序	86
自動承認	87
氏名公法理論	19
指紋	24
重国籍	9
住所	82
出生届	108
出生による非嫡出親子関係の成立	96
出入国管理制度	29

準拠法	3
準拠法選択の方式	58
準拠法要件	88
準国際私法	67
渉外的法律関係	2
常居所	82
承継主義	154
親権者指定事件の裁判管轄権	139
親権者指定の準拠法	142
人際法	67
人身保護請求	149
人的不統一法国	67
清算主義	154
生殖補助医療	102
生地主義	9
セーフガード条項	98, 122
絶対的婚姻挙行地法主義	47
先決問題	156
選択的適用主義	97
選択的連結	92
相互の保証	85
創設的届出	16, 46
相続	154
相続財産の構成および移転	156
相続統一主義	154
相続人の不存在	160
相続分割主義	154
送達	85
双方的成立要件	41
属人法	167

■タ 行

胎児認知	115
代理懐胎	102
代理出産	102
段階的連結	56, 62, 74
男女平等	74
嫡出親子関係	92
嫡出否認	93
中長期在留者	23
調停前置主義	76
直接管轄	86
定住者	34, 186
手続的公序	85
同一本国法	62
当事者自治の原則	58
特別永住者	21
特別永住者証明書	23, 25-6
特別縁故者	163
土地管轄	80
届出婚主義	44
届出による国籍の取得	117
DV（ドメスティックバイオレンス）	77
取引保護主義	60

■ナ 行

内縁	50
難民	184
——の属人法	188
——の地位に関する議定書	184
——の地位に関する条約	184
難民審査参与員	186
難民認定	185
難民認定証明書	186
難民旅行証明書	187
二重反致	158
日本国との平和条約	178
日本人条項	48
任意後見契約	166
任意後見制度	166
任意後見の国際裁判管轄権	169
認知	
——による国籍取得	115
——による非嫡出親子関係の成立	97
——の訴え	99
——の撤回	99
——の方式	100
——の無効・取消	99
認知主義	96
認知保護	97
認知無効の訴えと出訴期間の制限	99
ノン・ルフールマン原則	187

■ハ　行

ハーグ条約	150
配分的連結	40
場所的不統一法国	67
破綻主義	73
反致	5, 157
被告住所地主義	81
被告の住所地・常居所地管轄	83
非嫡出親子関係の成立	96
非嫡出子	96
夫婦共同縁組	128
夫婦国籍同一主義	10
夫婦国籍独立主義	11
夫婦財産契約の締結能力	59
夫婦財産制	56
夫婦の共通住所地・常居所地管轄	83
部分反致	158
不変更主義	92
父母両系主義	11, 114
扶養義務の準拠法に関する条約	171
扶養義務の準拠法に関する法律	172
ブラッセルⅡbis規則	80, 82
分解理論	124
分割指定	59
分裂国家の国民の本国法決定	62
報告的届出	16, 47
法律関係性質決定	4
補正的連結	174
本国管轄	83

■マ　行

民事訴訟法及び民事保全法の一部を改正する法律	81
無国籍	9

■ヤ　行

養子縁組	121

■ラ　行

離縁	134
離婚	
――後の氏	77
――後の共同監護	143
――後の夫婦間扶養	76
――後の扶養	174
――承認条約	80, 82
――の可否、離婚原因	76
――の際の慰謝料請求	77
――の際の財産分与	77
――の際の親権者指定	77, 139
領事婚	47
連結点	4

■編著者紹介■

青木　清（あおき・きよし）

最終学歴
1982年　名古屋大学大学院法学研究科博士後期課程退学
現　職
南山大学法学部教授
主要業績
『渉外戸籍法リステイトメント』日本加除出版、2007年（分担）
『「在日」の家族法 Q&A〔第3版〕』日本評論社、2010年（分担）
『注釈国際私法　第2巻』有斐閣、2011年（分担）ほか

佐野　寛（さの・ひろし）

最終学歴
1980年　名古屋大学大学院法学研究科博士前期課程修了
現　職
岡山大学法学部教授
主要業績
『国際取引法』有斐閣、1992年（共著）
『渉外戸籍法リステイトメント』日本加除出版、2007年（分担）
『注釈国際私法　第1巻、第2巻』有斐閣、2011年（分担）ほか

国際〈家族と法〉

2012年4月27日　第1版1刷発行
2017年4月1日　第1版2刷発行

編著者――青　木　　　清
　　　　　佐　野　　　寛
発行者――森　口　恵美子
印刷所――松　本　紙　工
製本所――渡　邉　製　本（株）
発行所――八千代出版株式会社
　　　〒101-0061　東京都千代田区三崎町2-2-13
　　　　TEL　03-3262-0420
　　　　FAX　03-3237-0723

＊定価はカバーに表示してあります。
＊落丁・乱丁本はお取替えいたします。

ISBN 978-4-8429-1572-2　　　　Ⓒ 2012 Aoki, Sano et al.